CREATURA - 5

70 drawings by Joan Worth

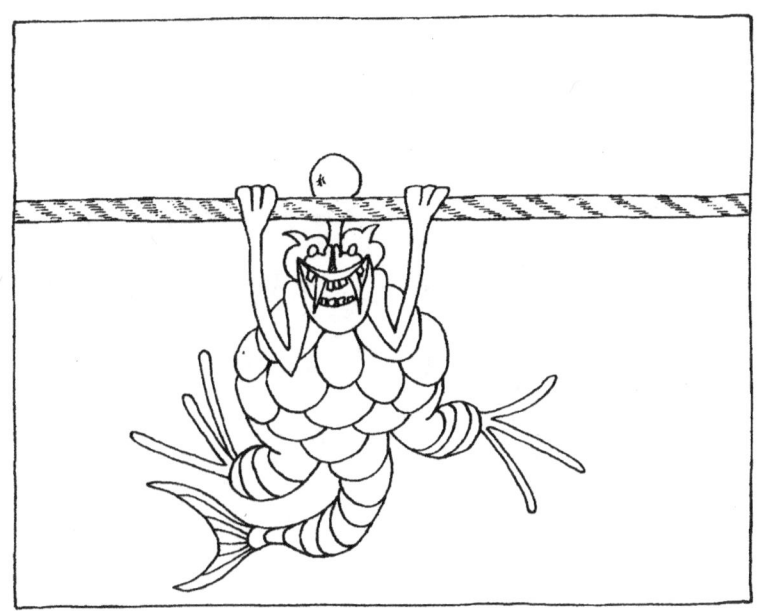

©2018 Joan Worth
ALL RIGHTS RESERVED
De Pere, Wisconsin
ISBN-13: 978-1986816069
ISBN-10: 1986816060

CREATURA #5 ©2018 Joan Worth

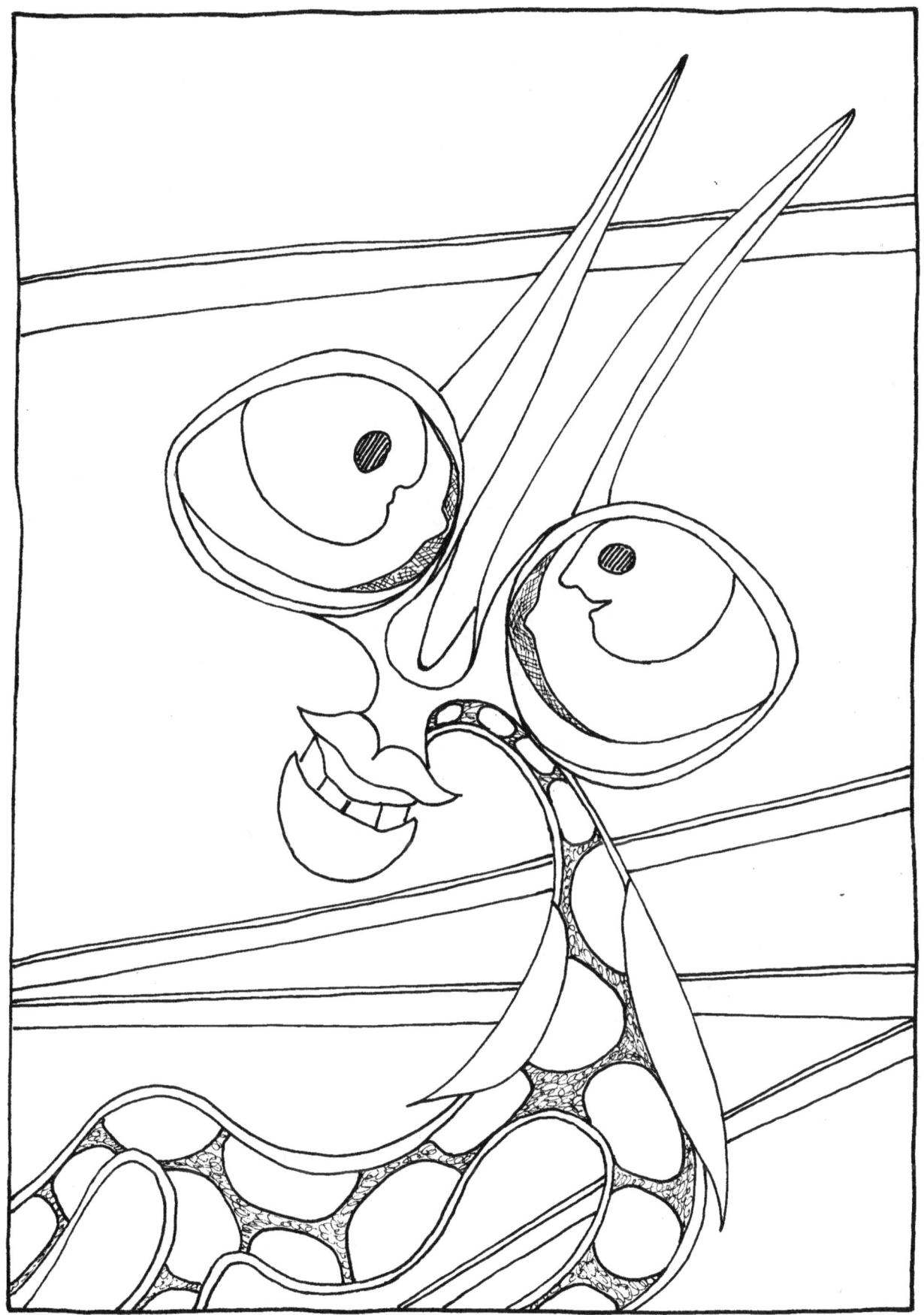

CREATURA #5 ©2018 Joan Worth

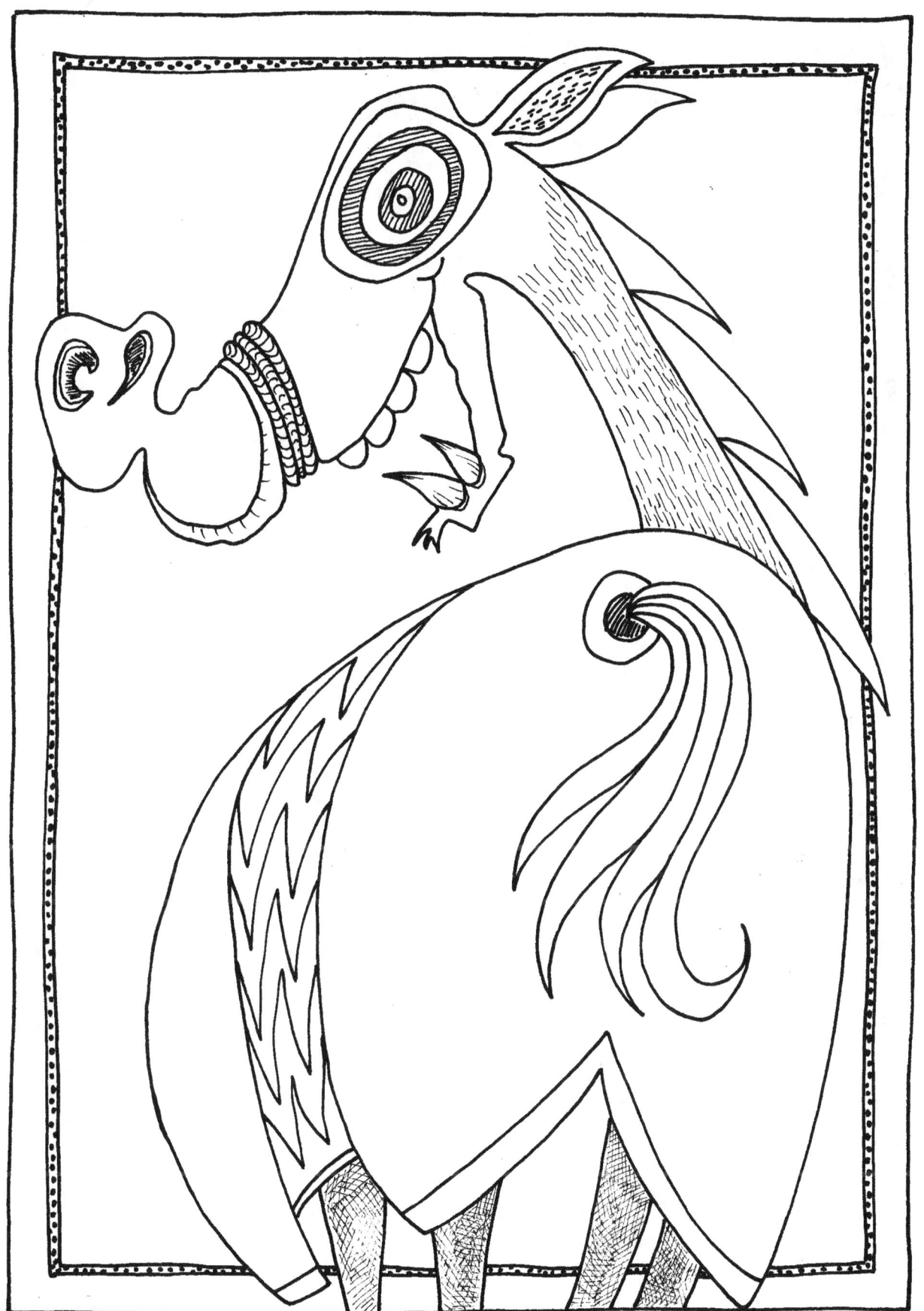

CREATURA #5 ©2018 Joan Worth

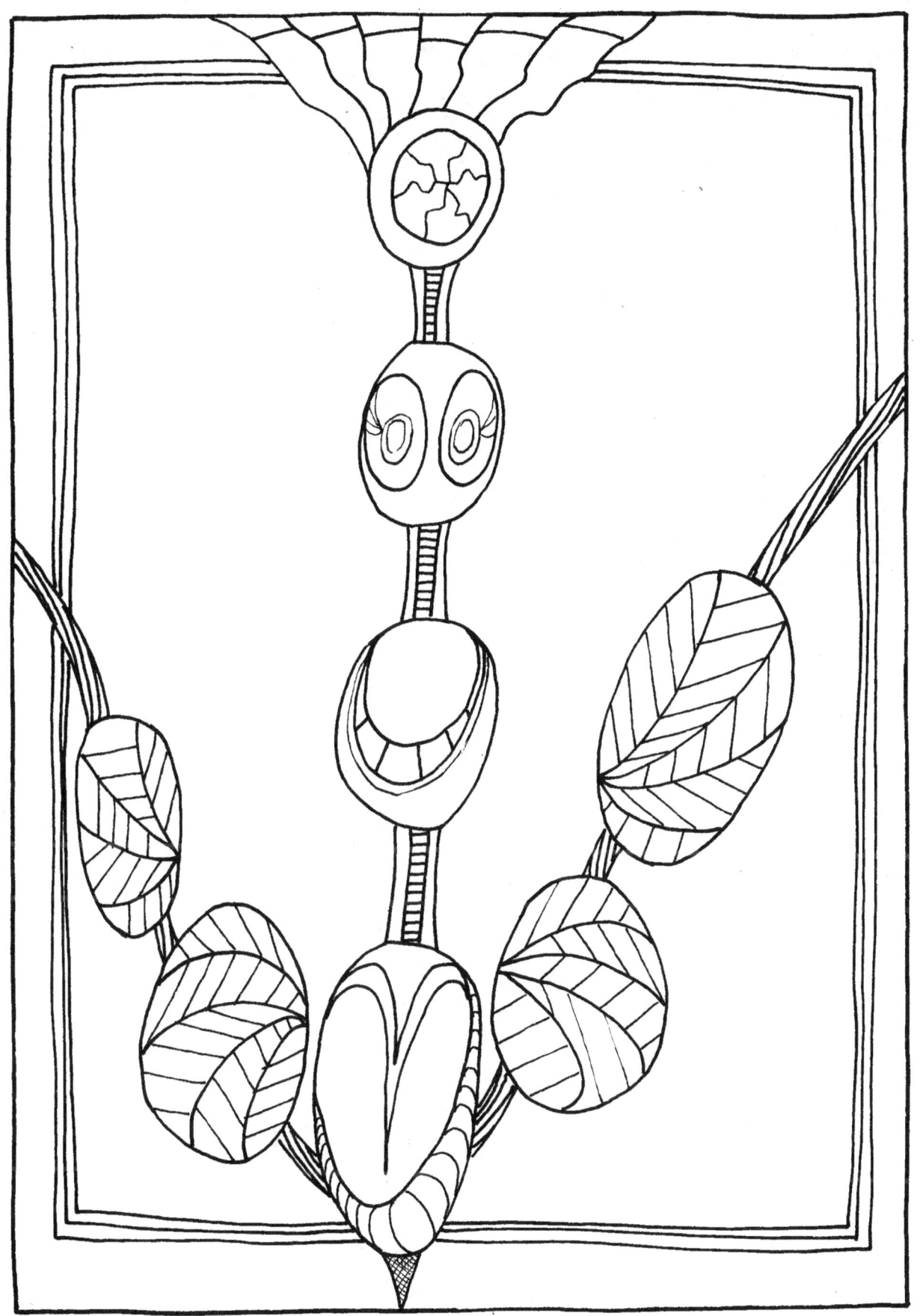

CREATURA #5 ©2018 Joan Worth

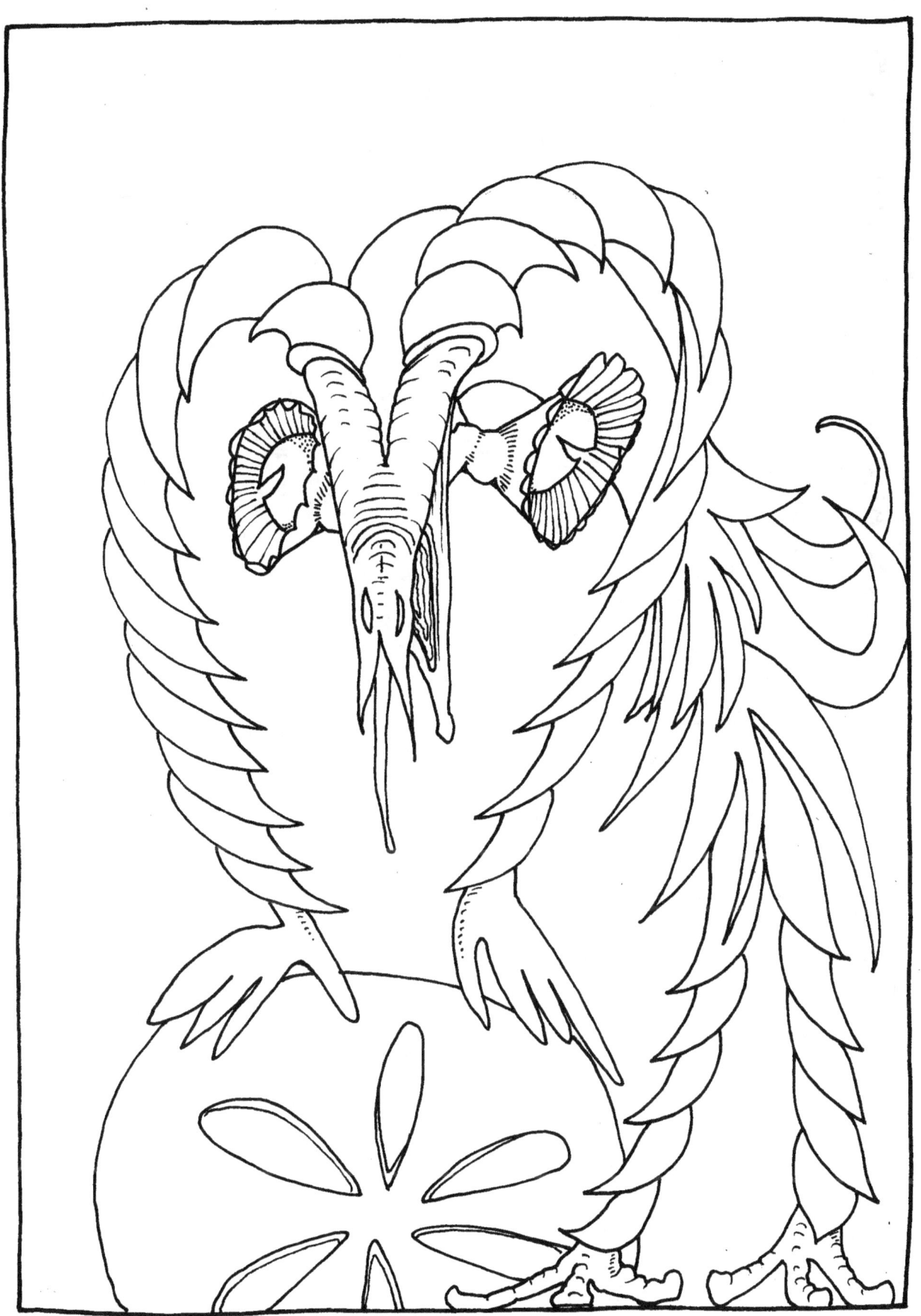

CREATURA #5 ©2018 Joan Worth

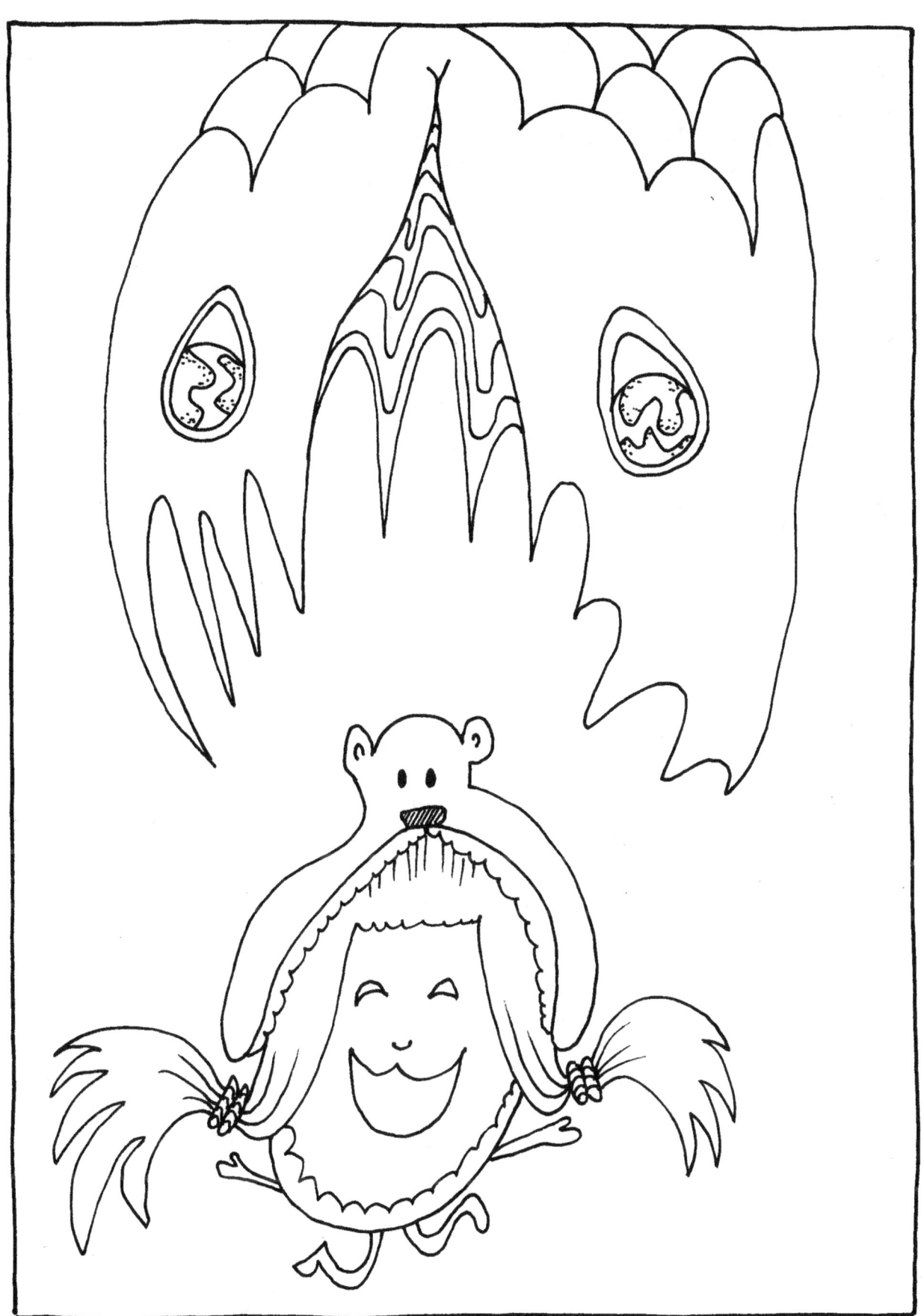

CREATURA #5 ©2018 Joan Worth

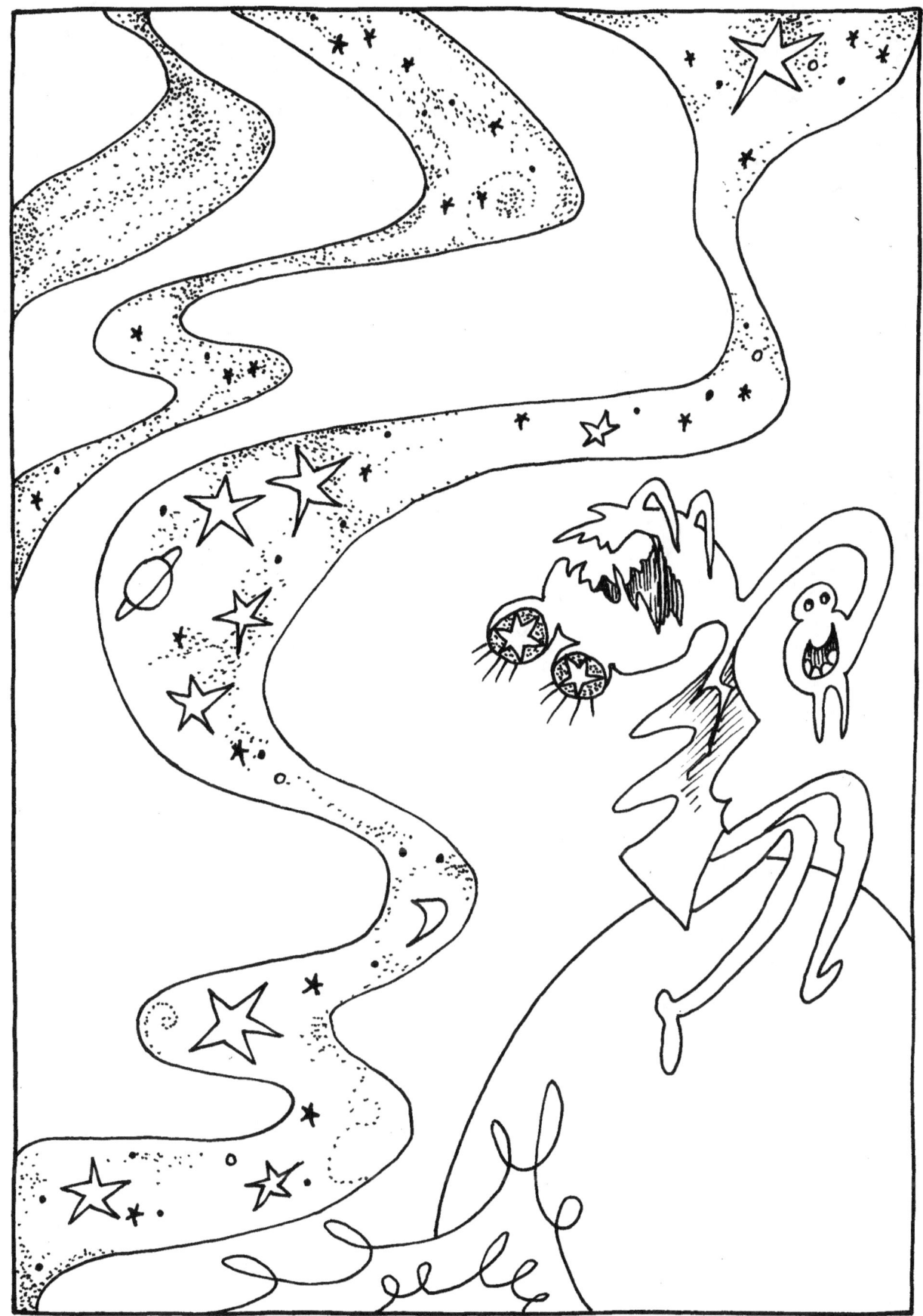

CREATURA #5 ©2018 Joan Worth

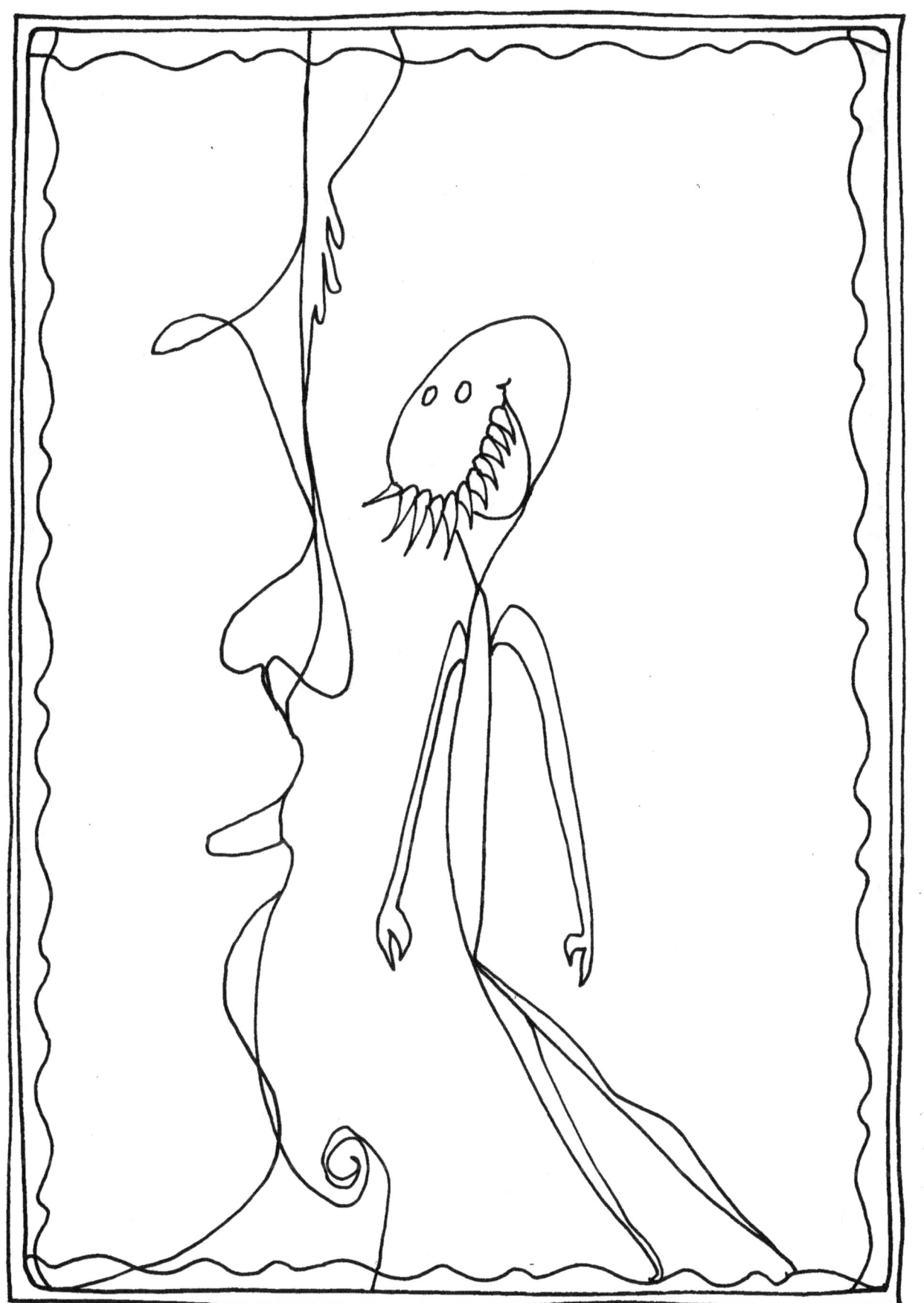

CREATURA #5 ©2018 Joan Worth

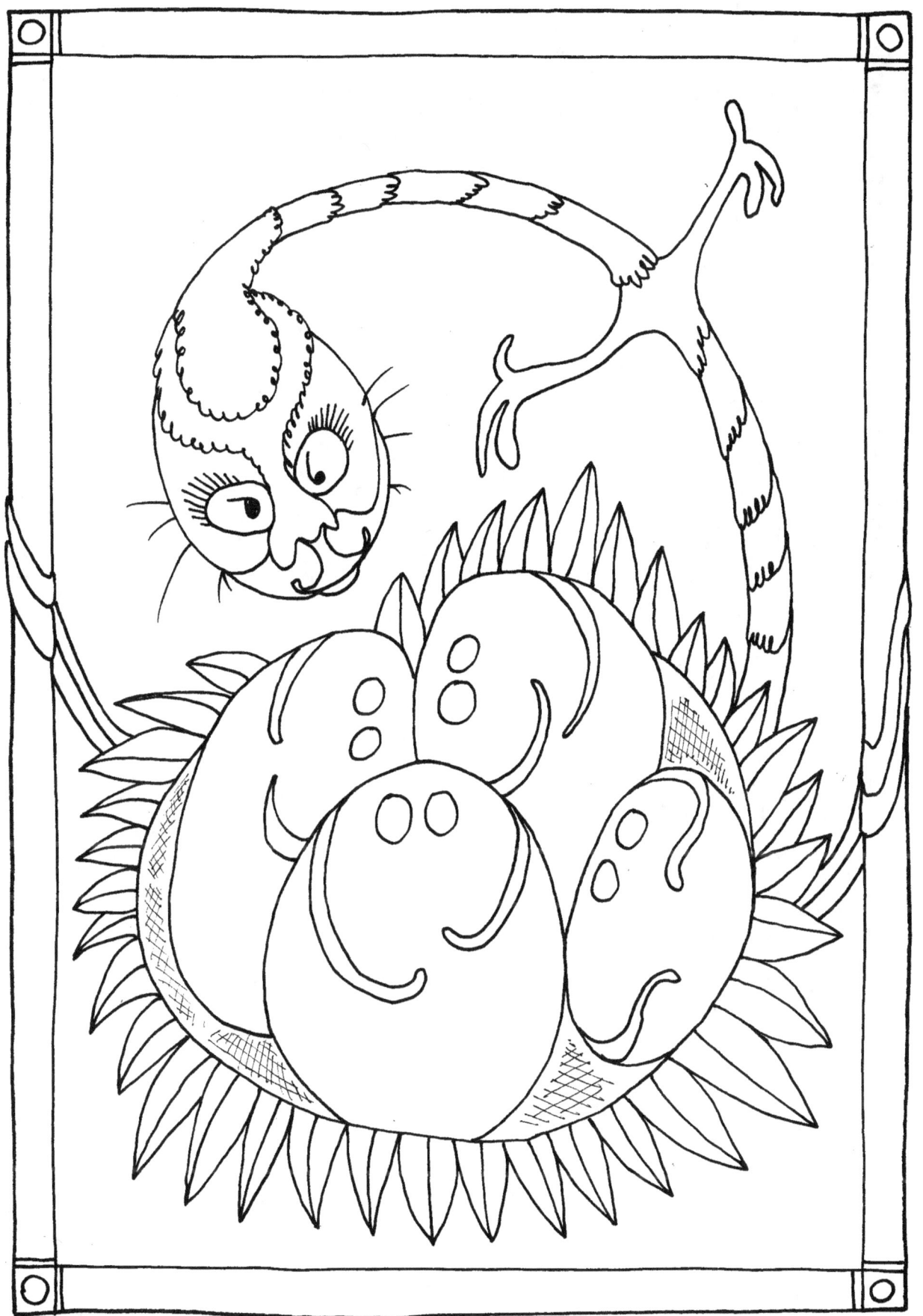

CREATURA #5 ©2018 Joan Worth

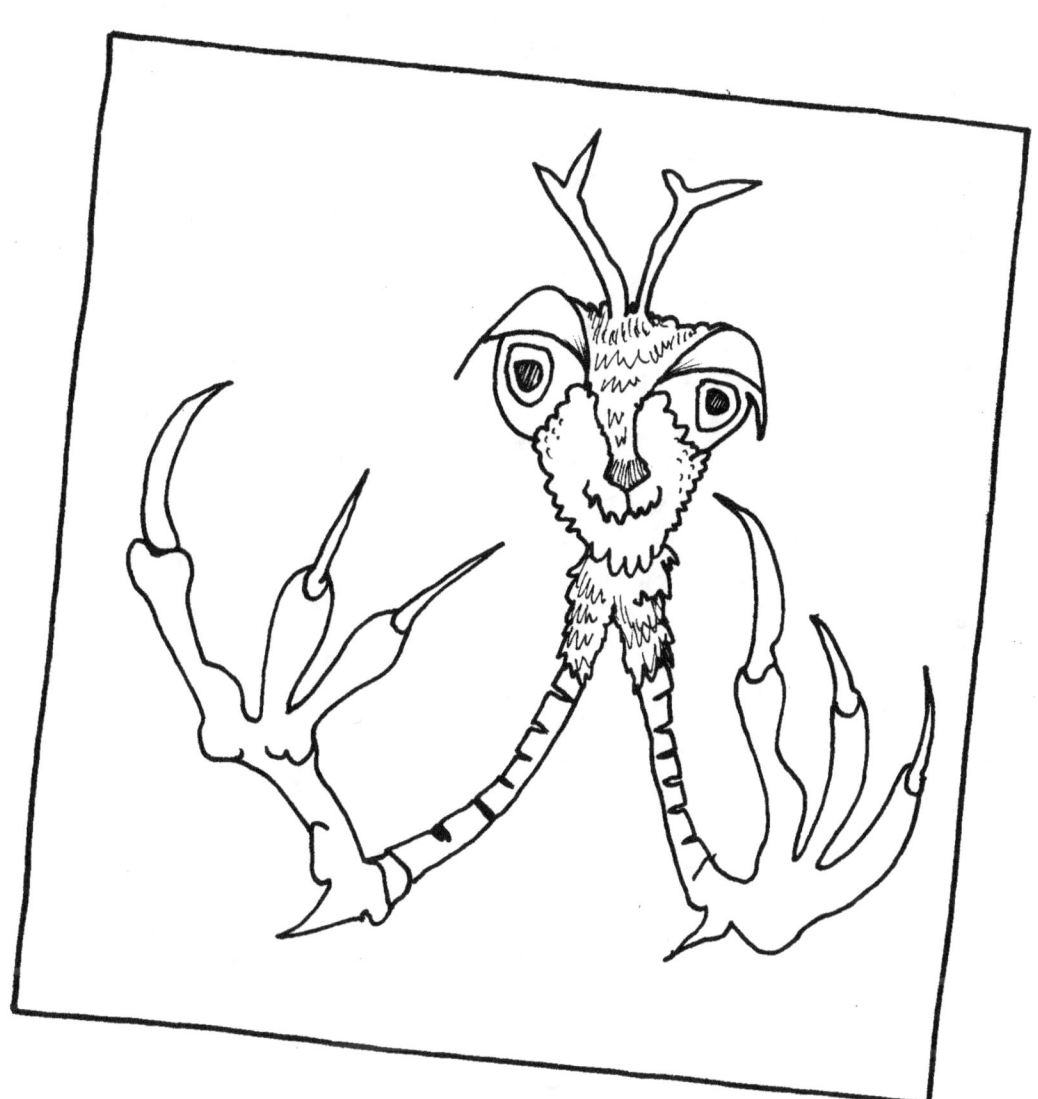

CREATURA #5 ©2018 Joan Worth

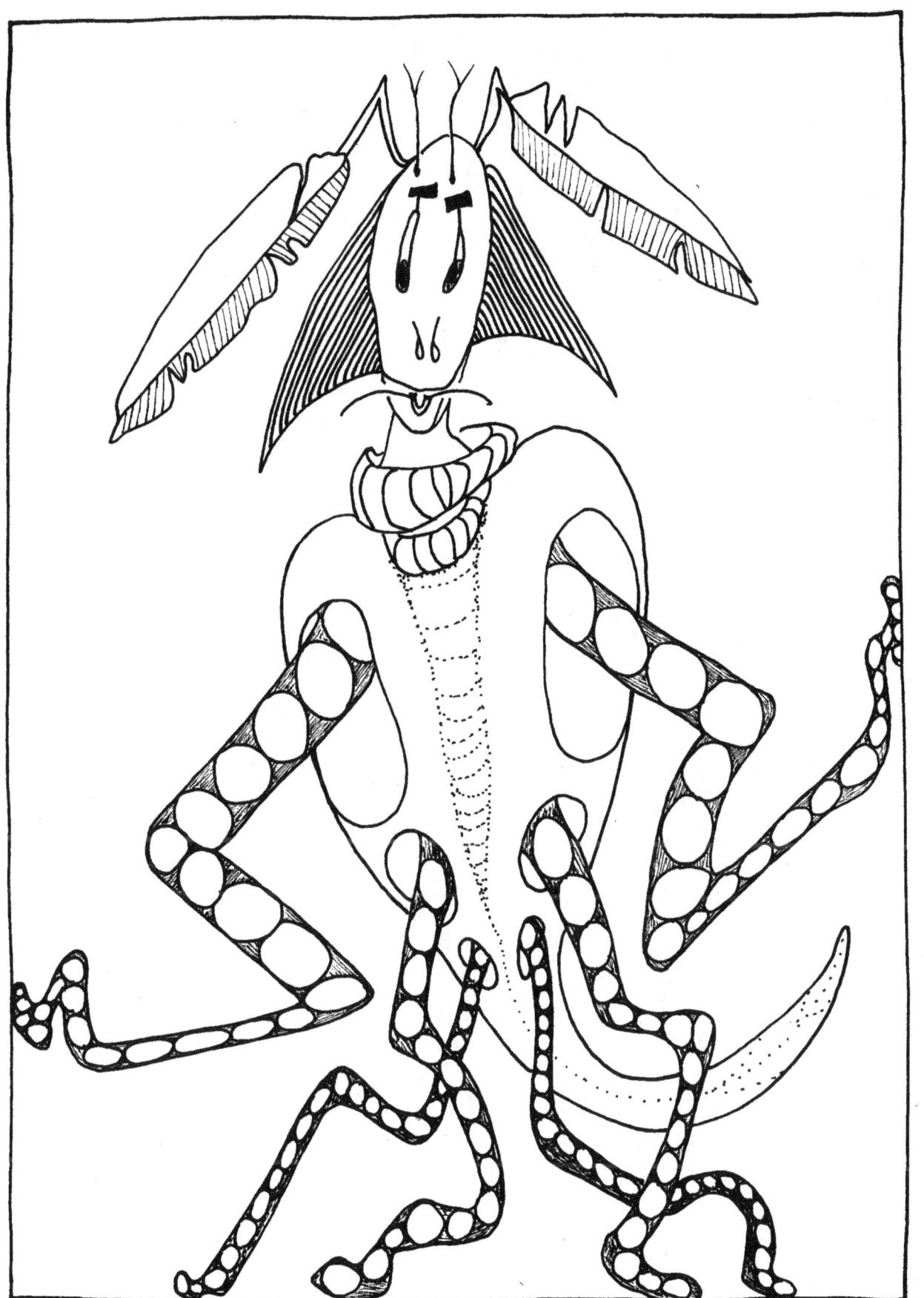

CREATURA #5 ©2018 Joan Worth

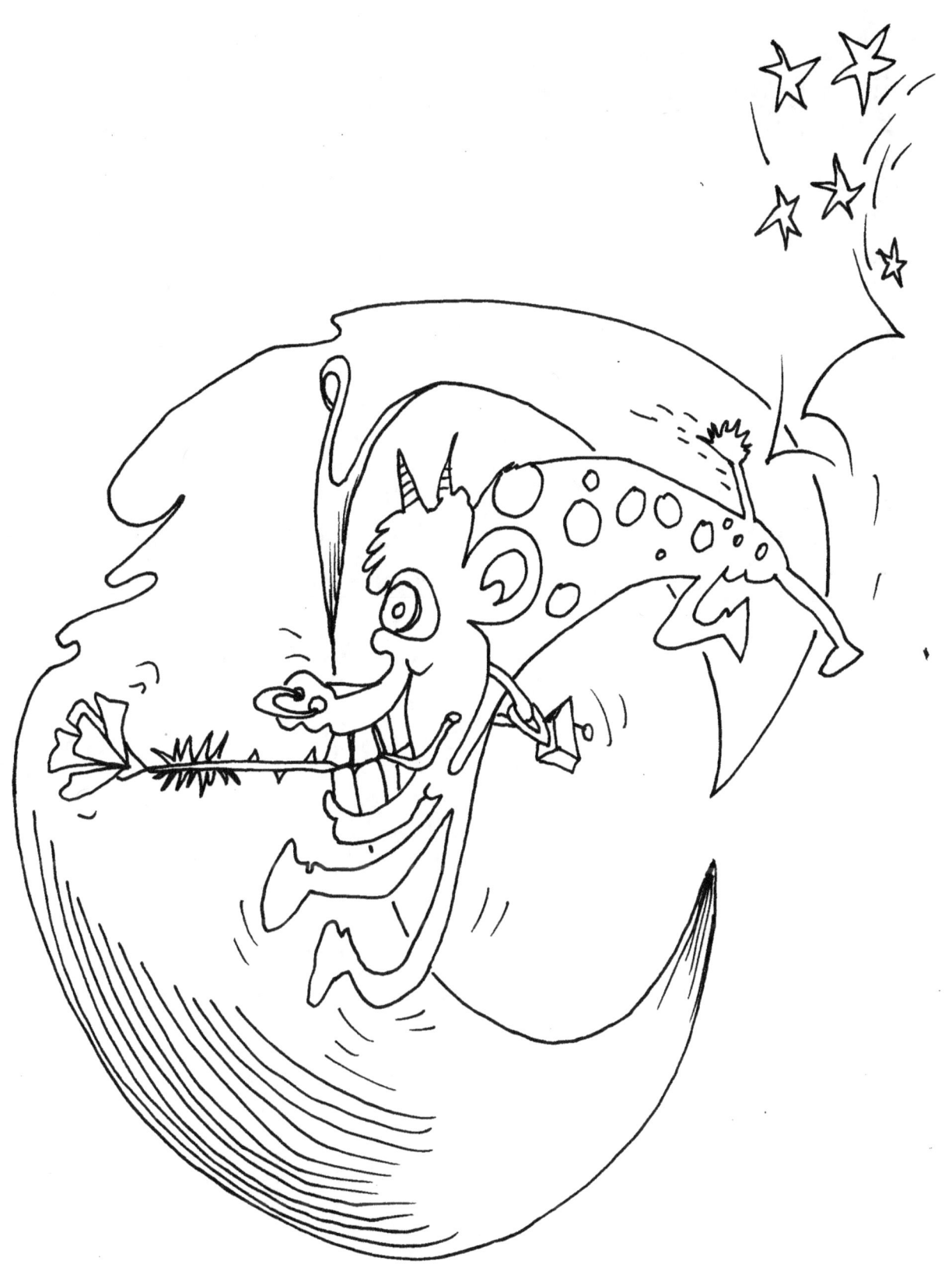

CREATURA #5 ©2018 Joan Worth

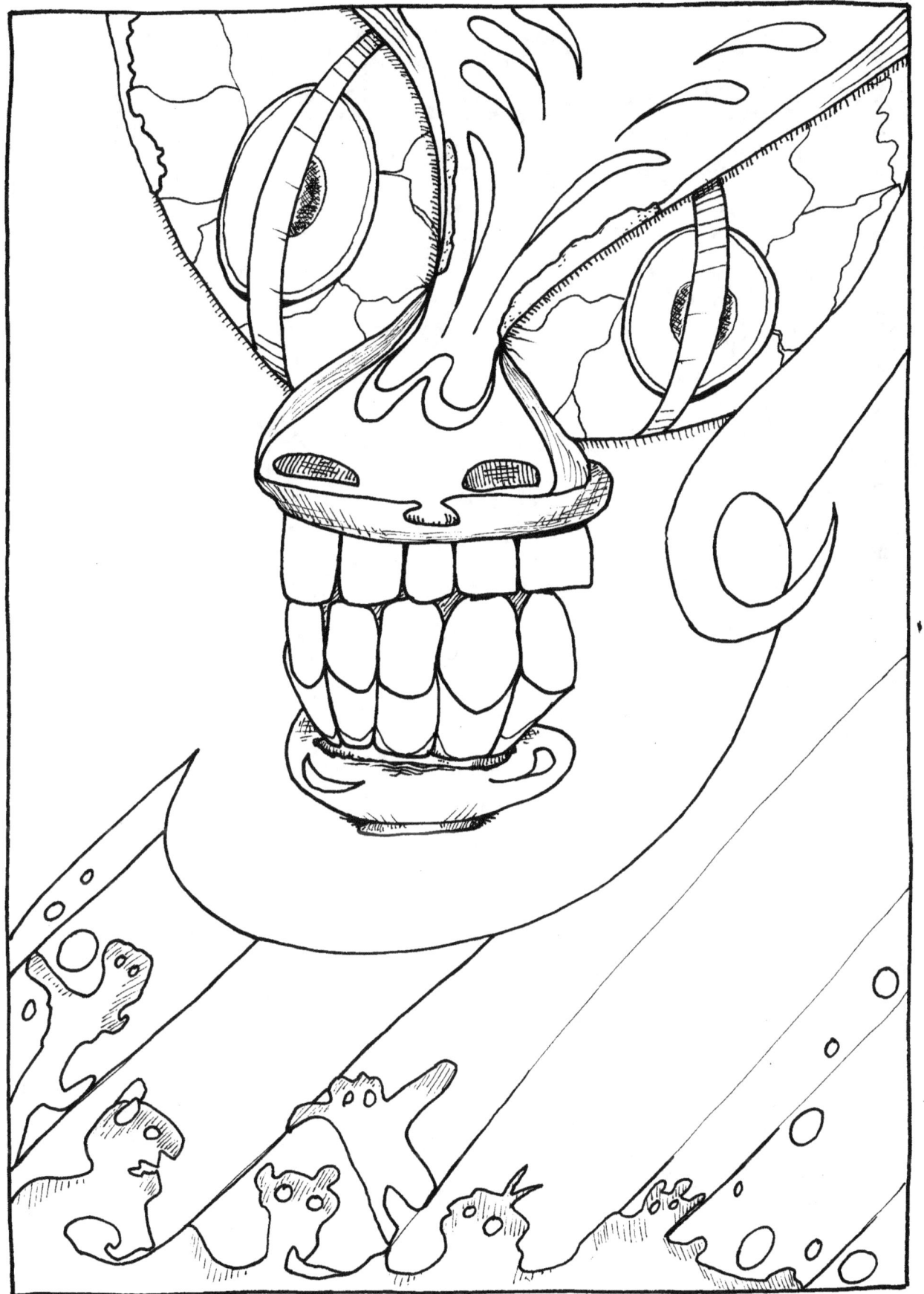

CREATURA #5 ©2018 Joan Worth

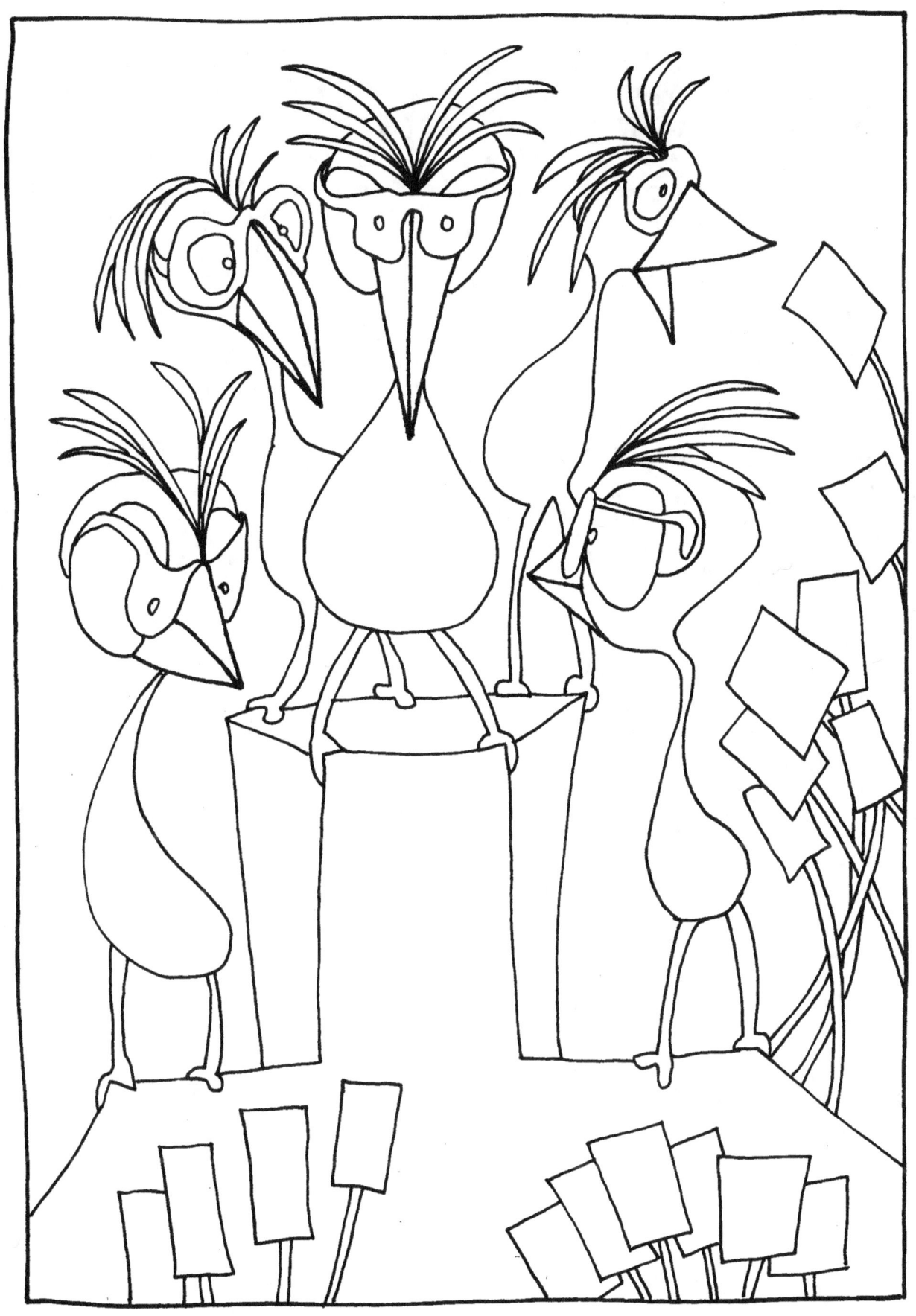

CREATURA #5 ©2018 Joan Worth

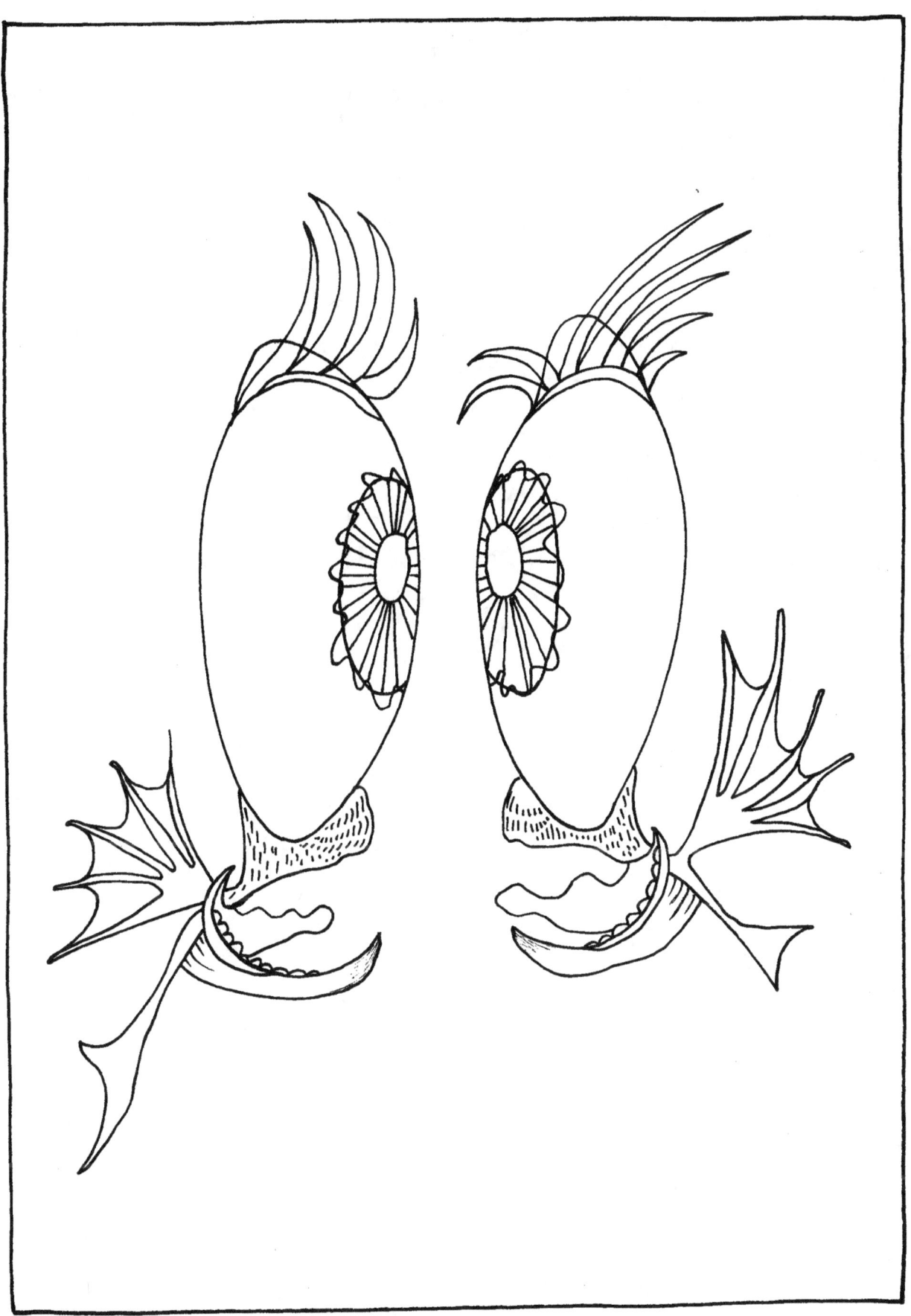

CREATURA #5 ©2018 Joan Worth

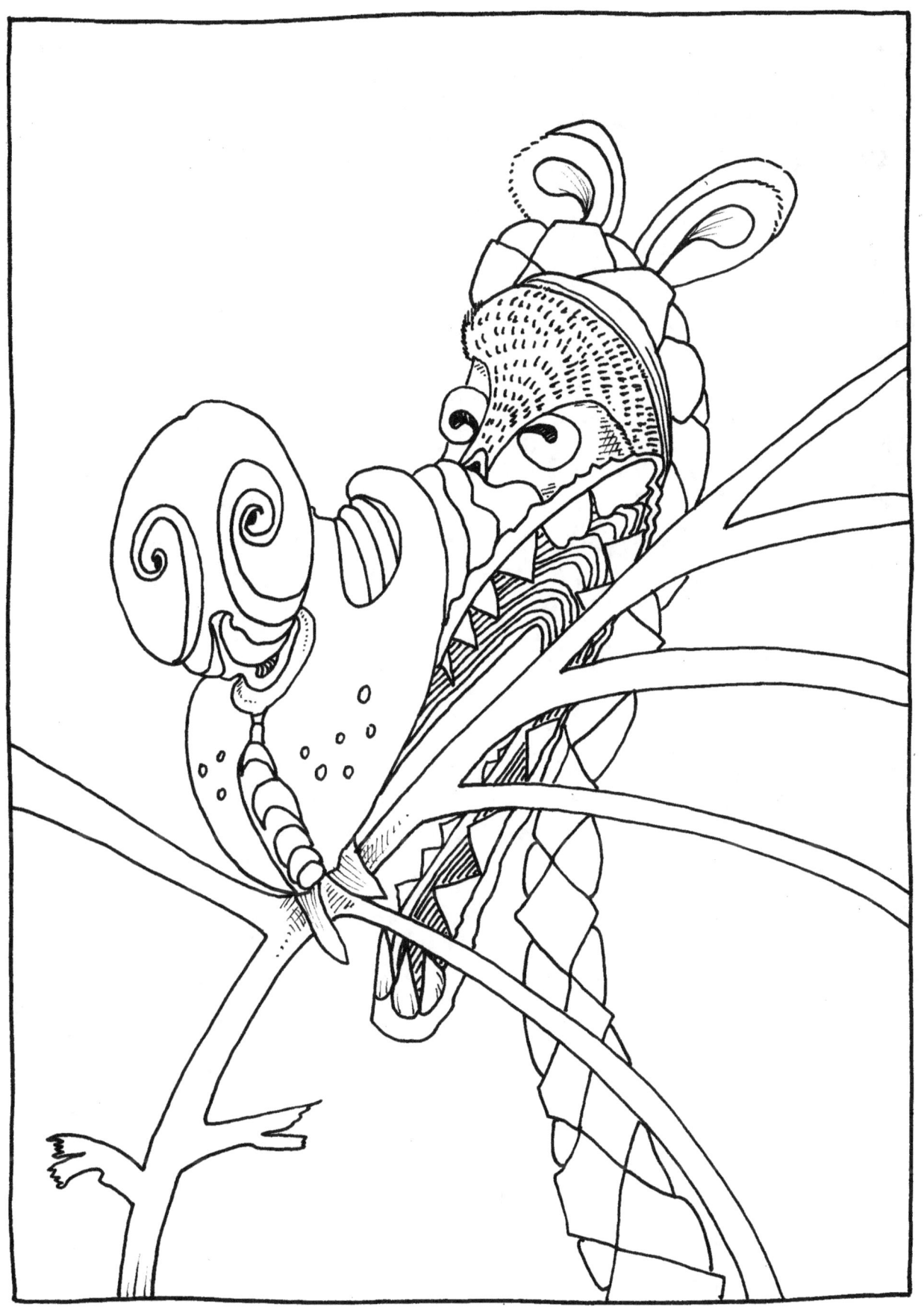

CREATURA #5 ©2018 Joan Worth

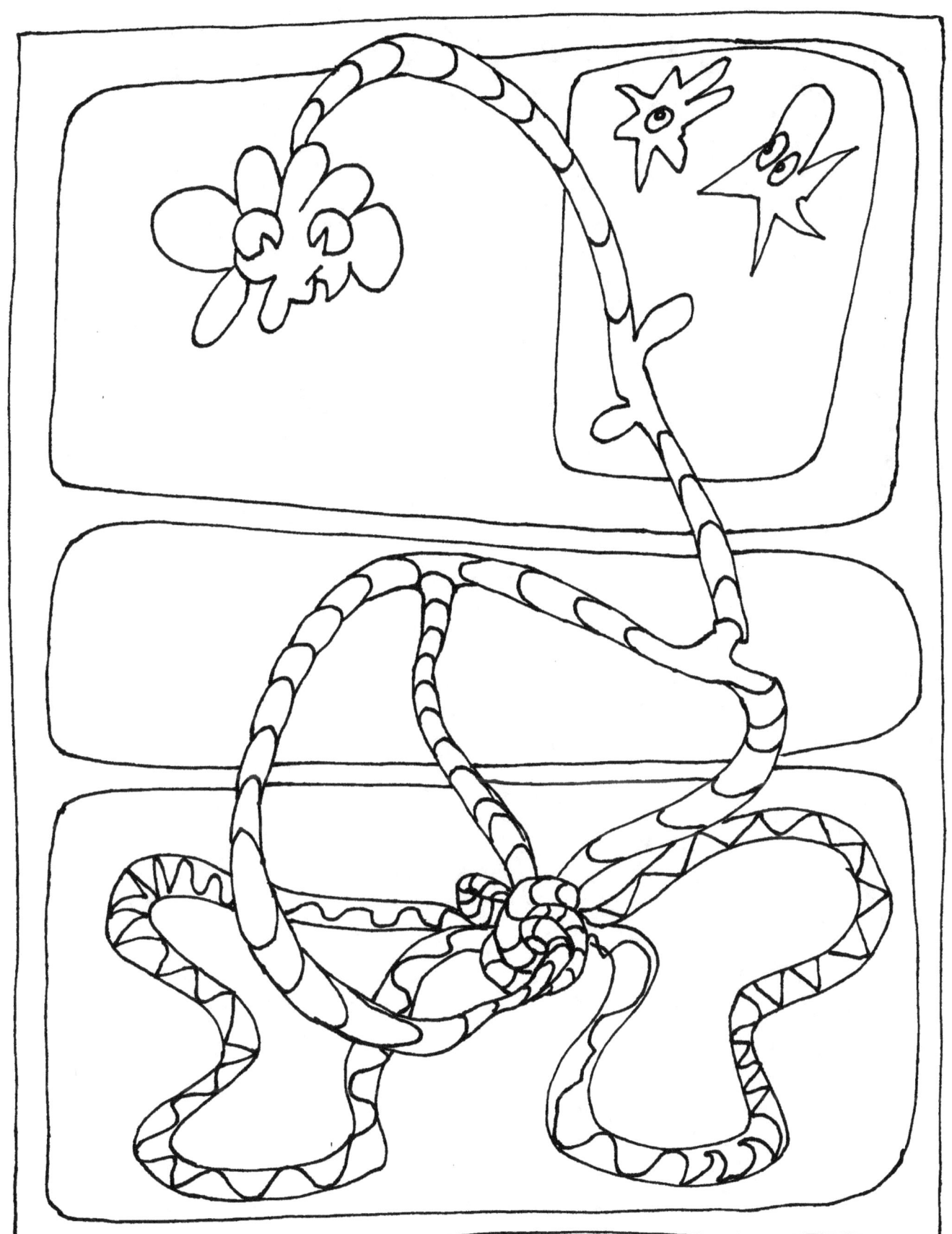

CREATURA #5 ©2018 Joan Worth

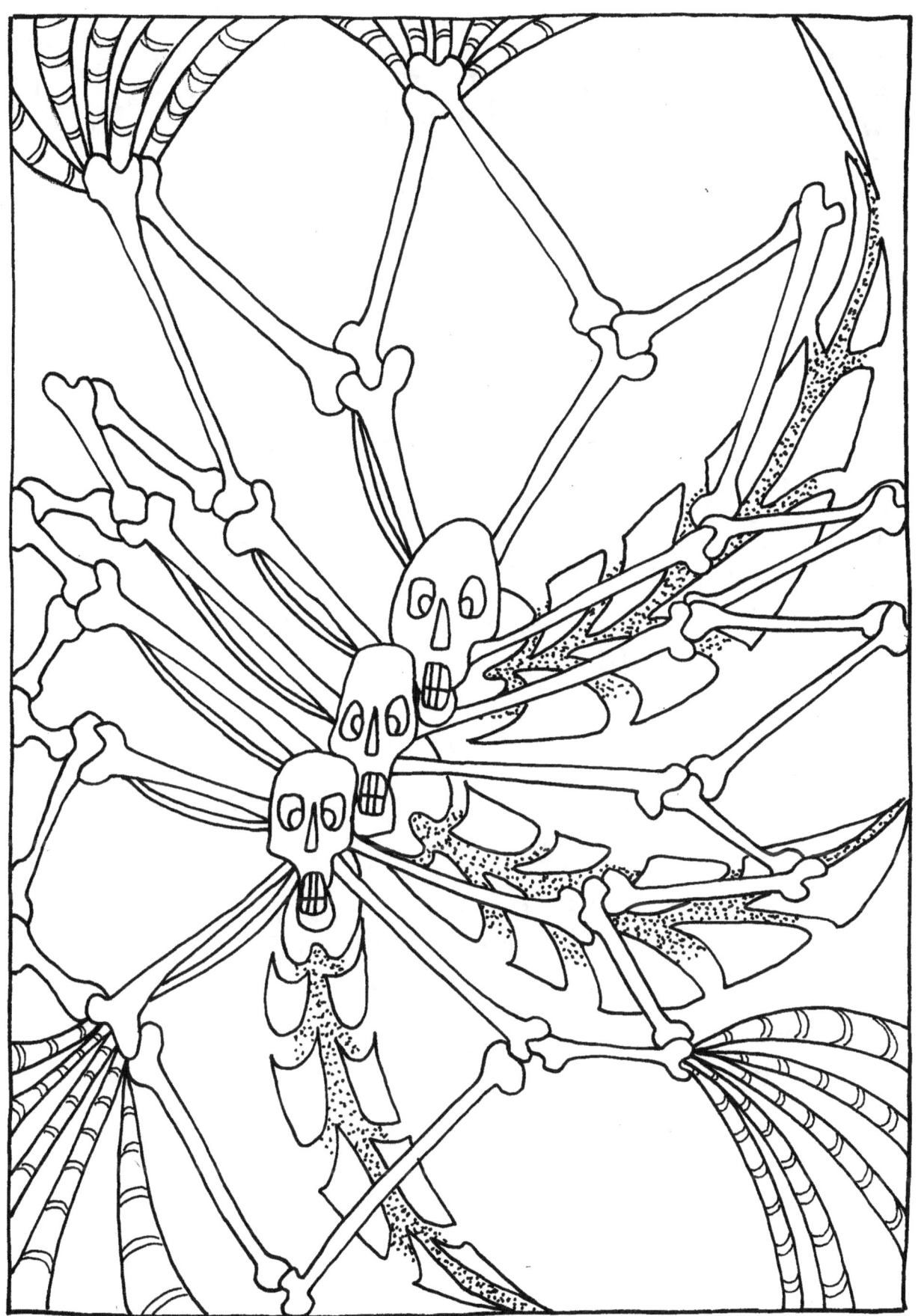

CREATURA #5 ©2018 Joan Worth

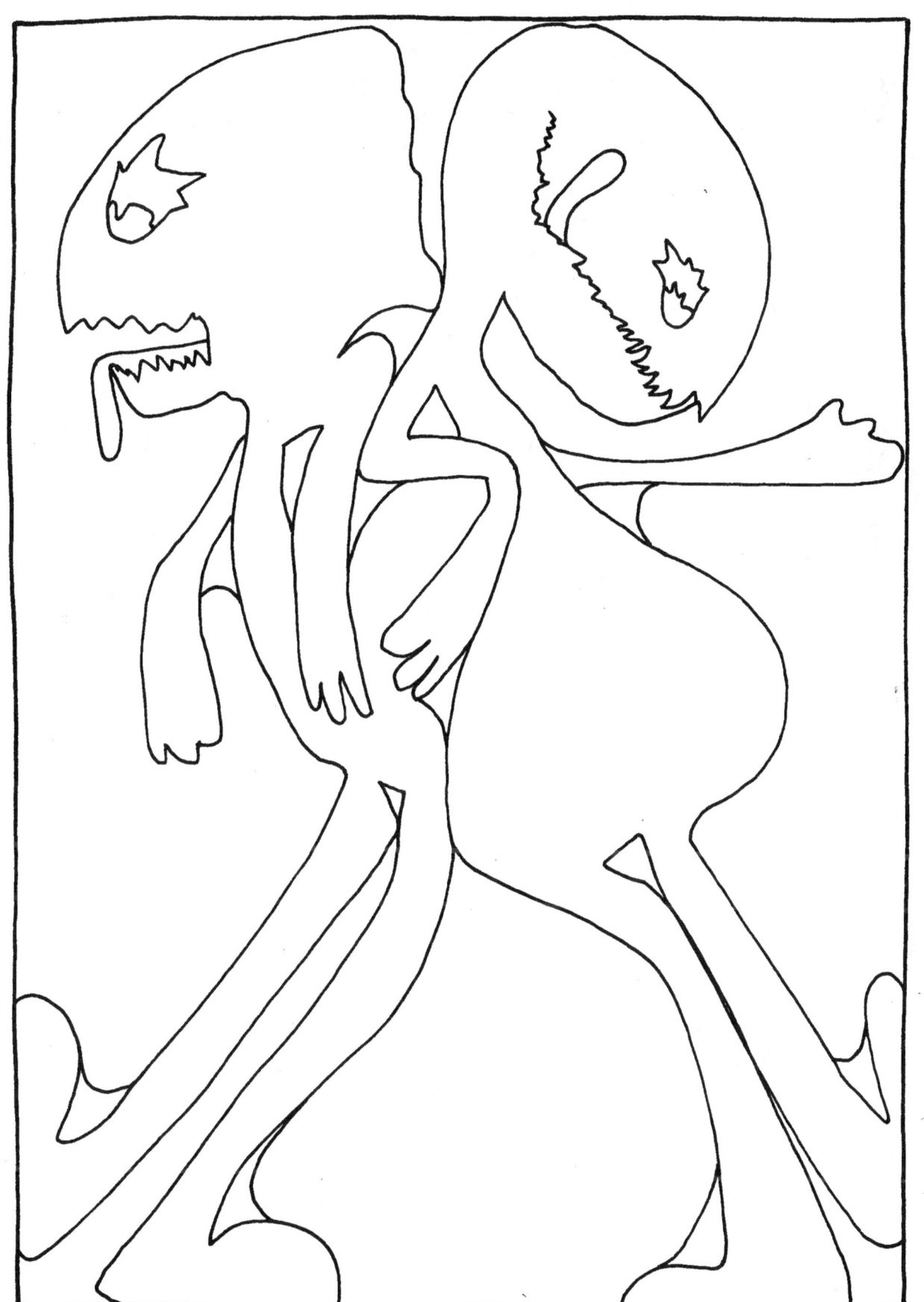

CREATURA #5 ©2018 Joan Worth

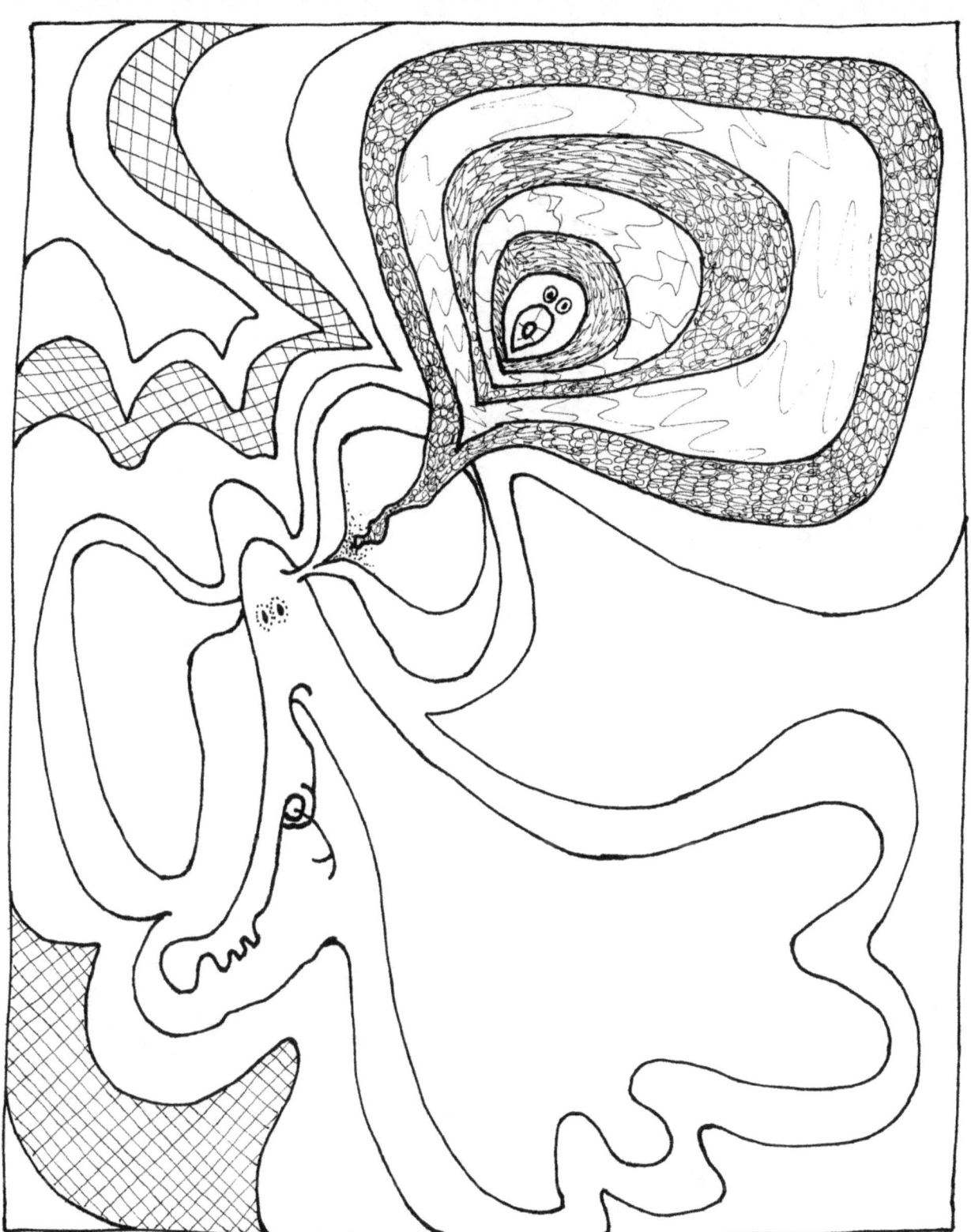

CREATURA #5 ©2018 Joan Worth

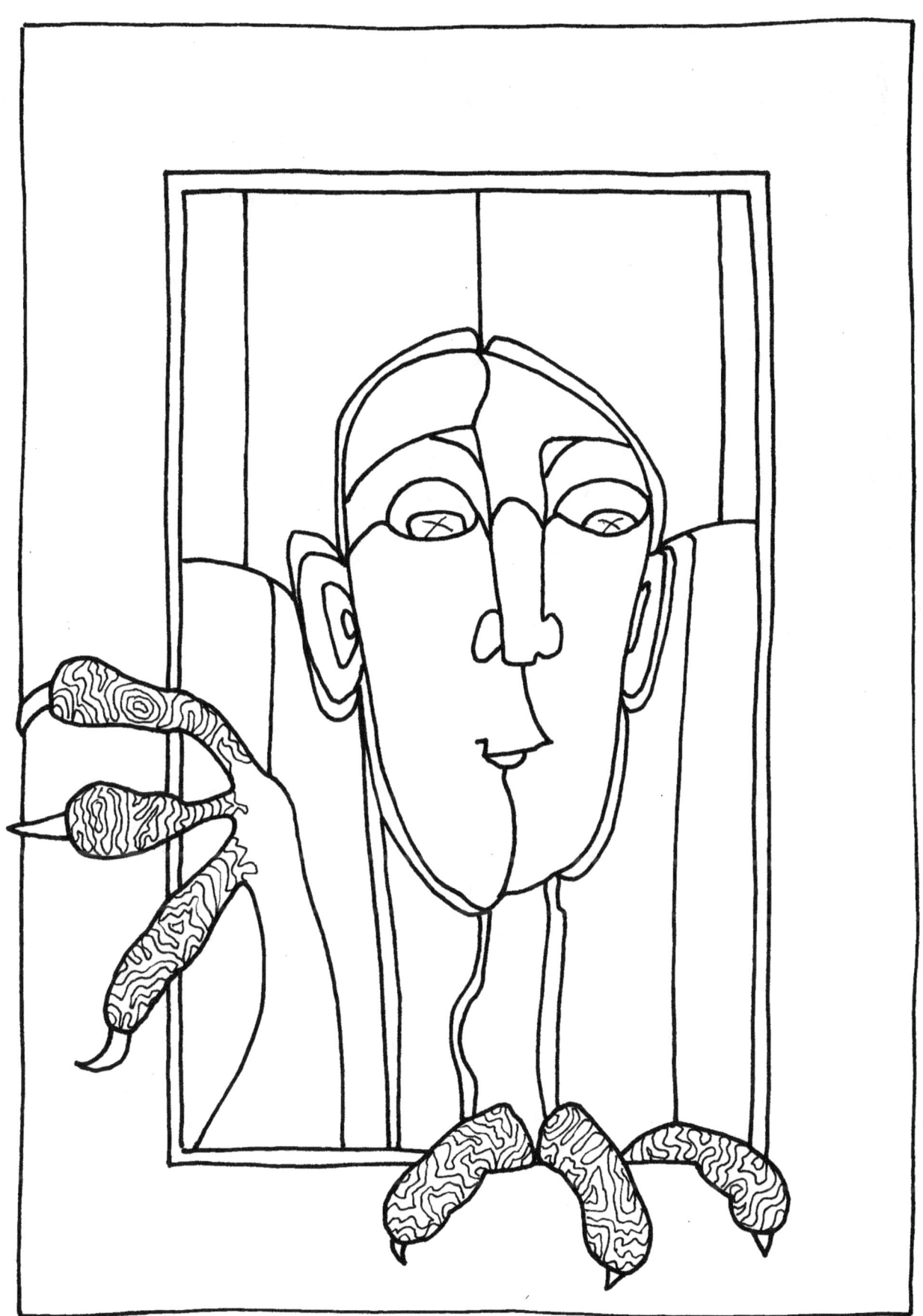

CREATURA #5 ©2018 Joan Worth

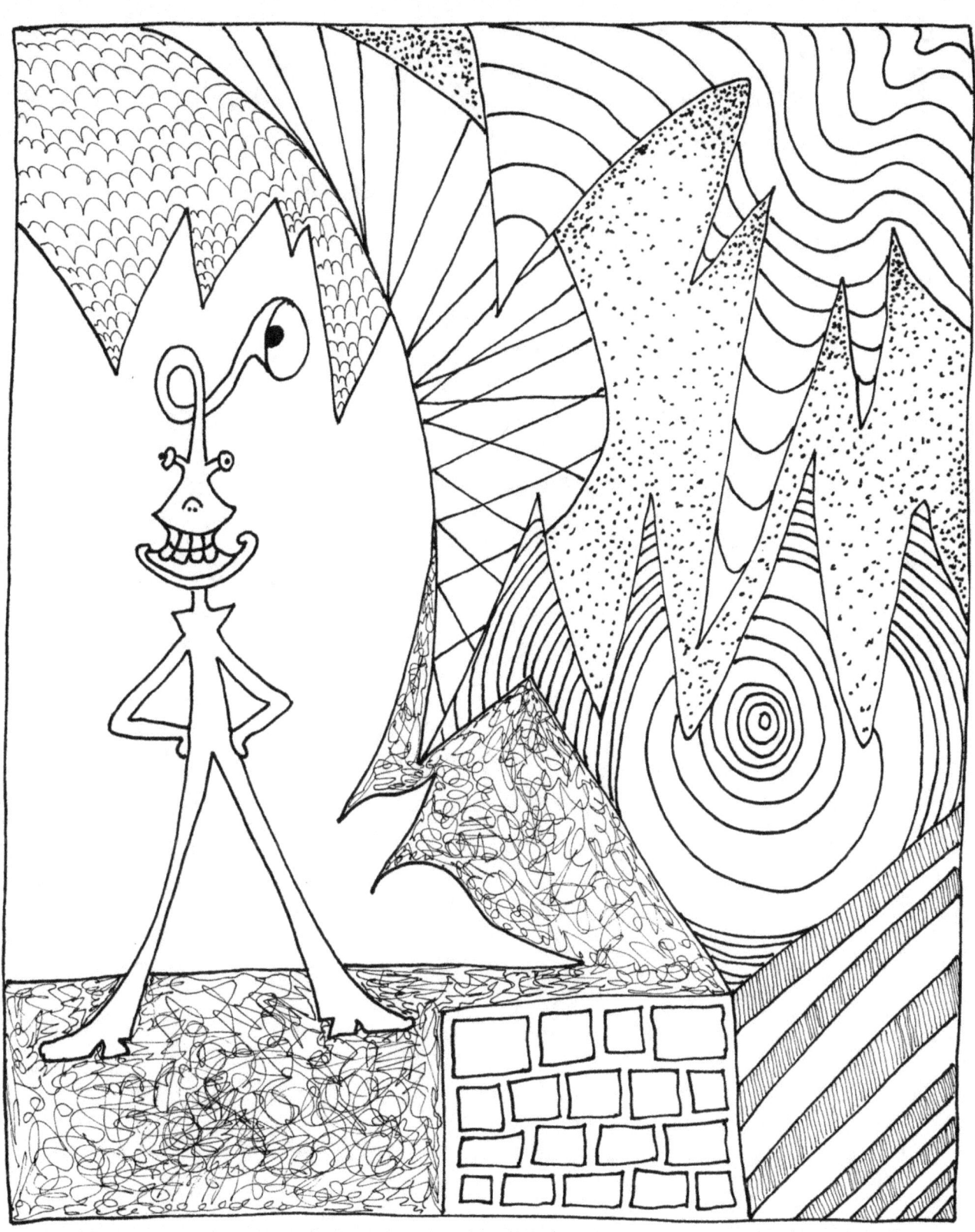

CREATURA #5 ©2018 Joan Worth

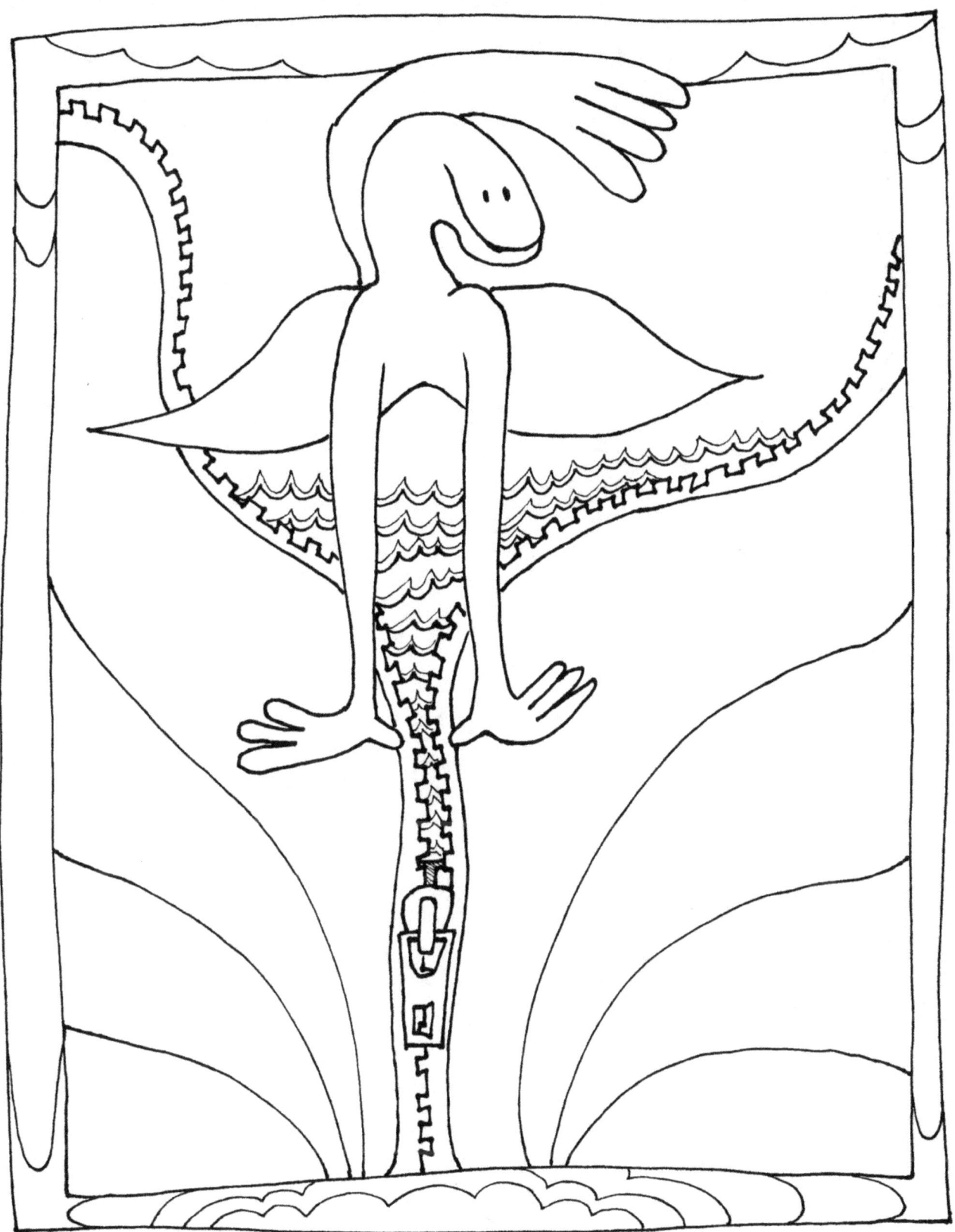

CREATURA #5 ©2018 Joan Worth

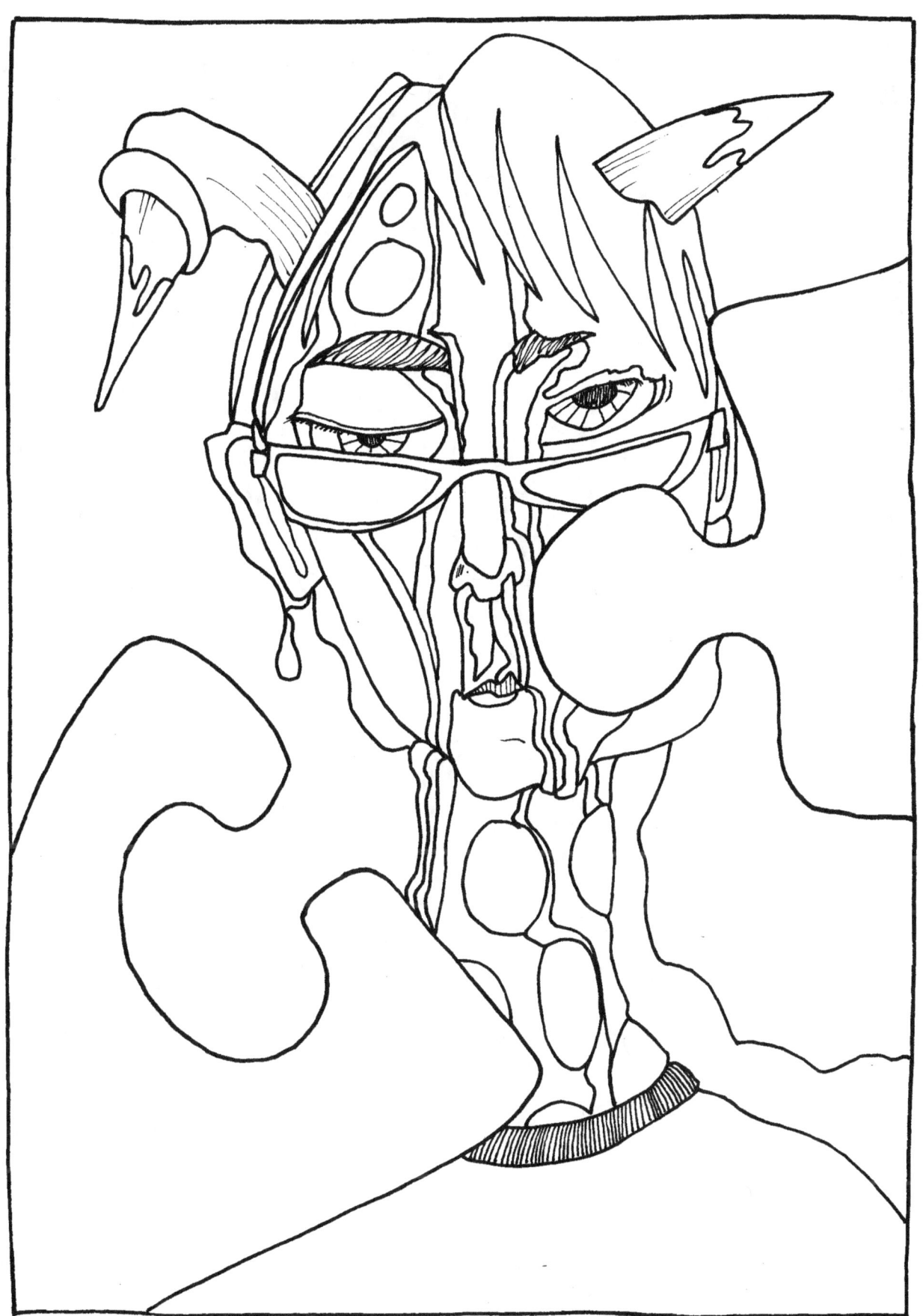

CREATURA #5 ©2018 Joan Worth

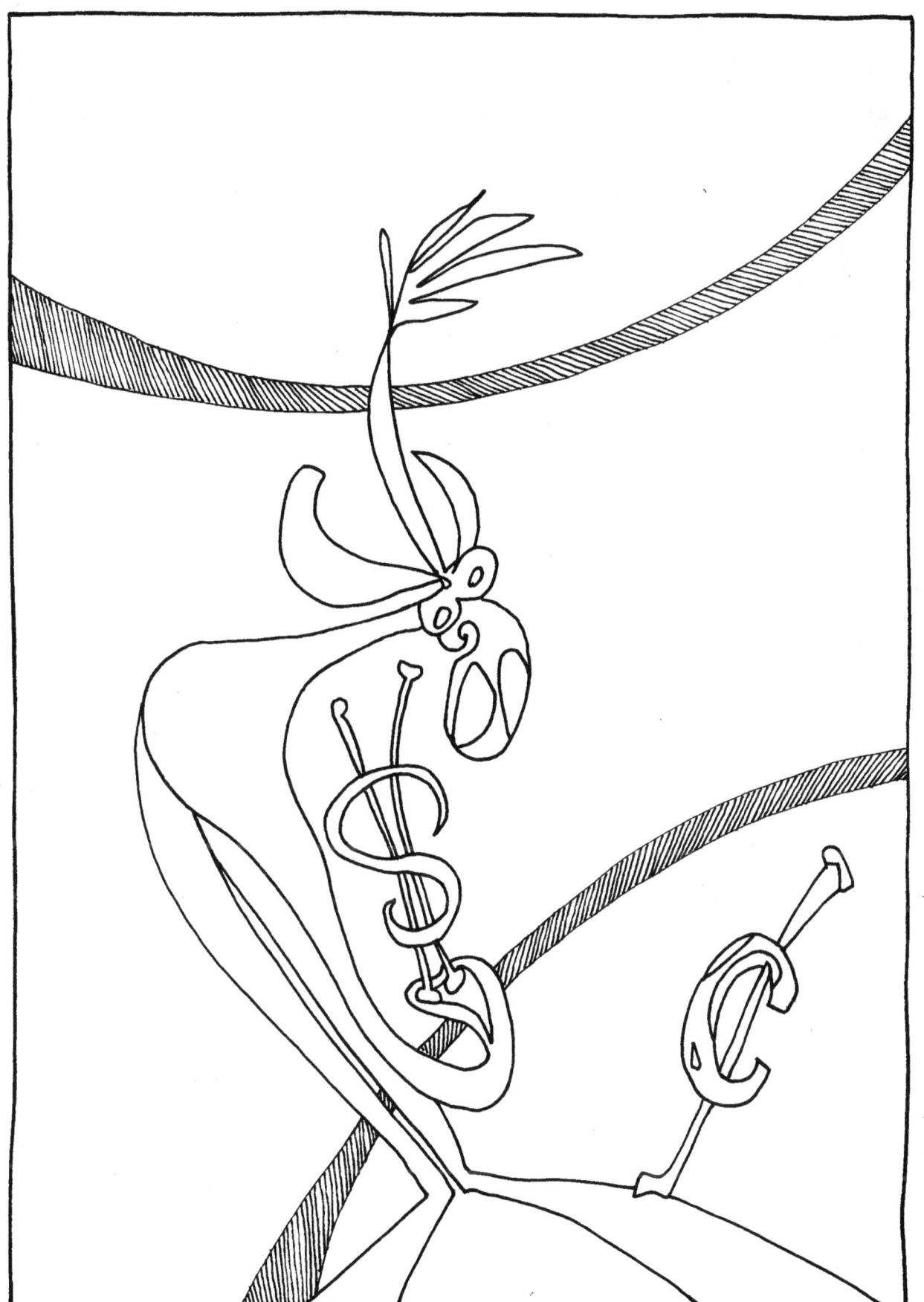

CREATURA #5 ©2018 Joan Worth

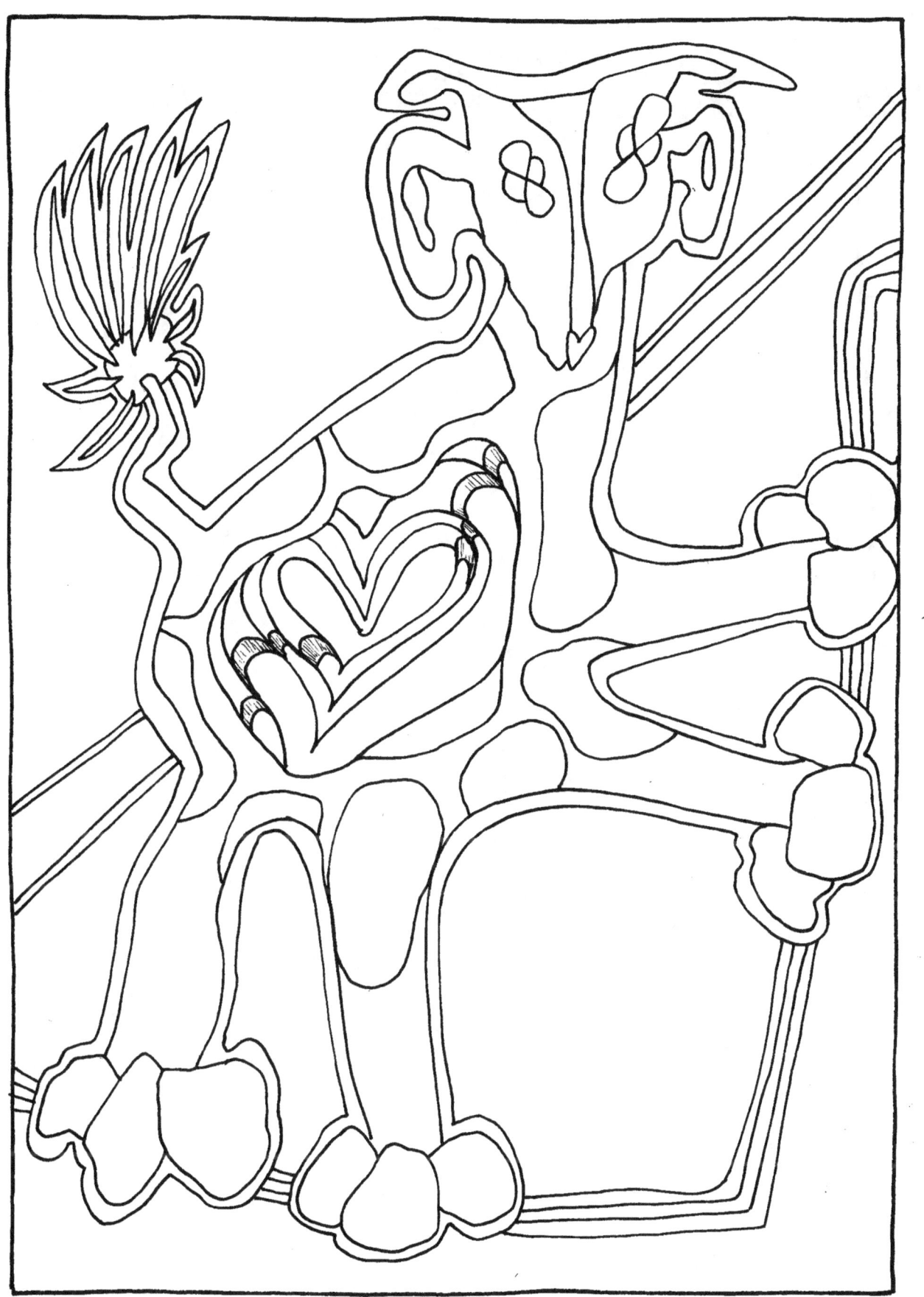

CREATURA #5 ©2018 Joan Worth

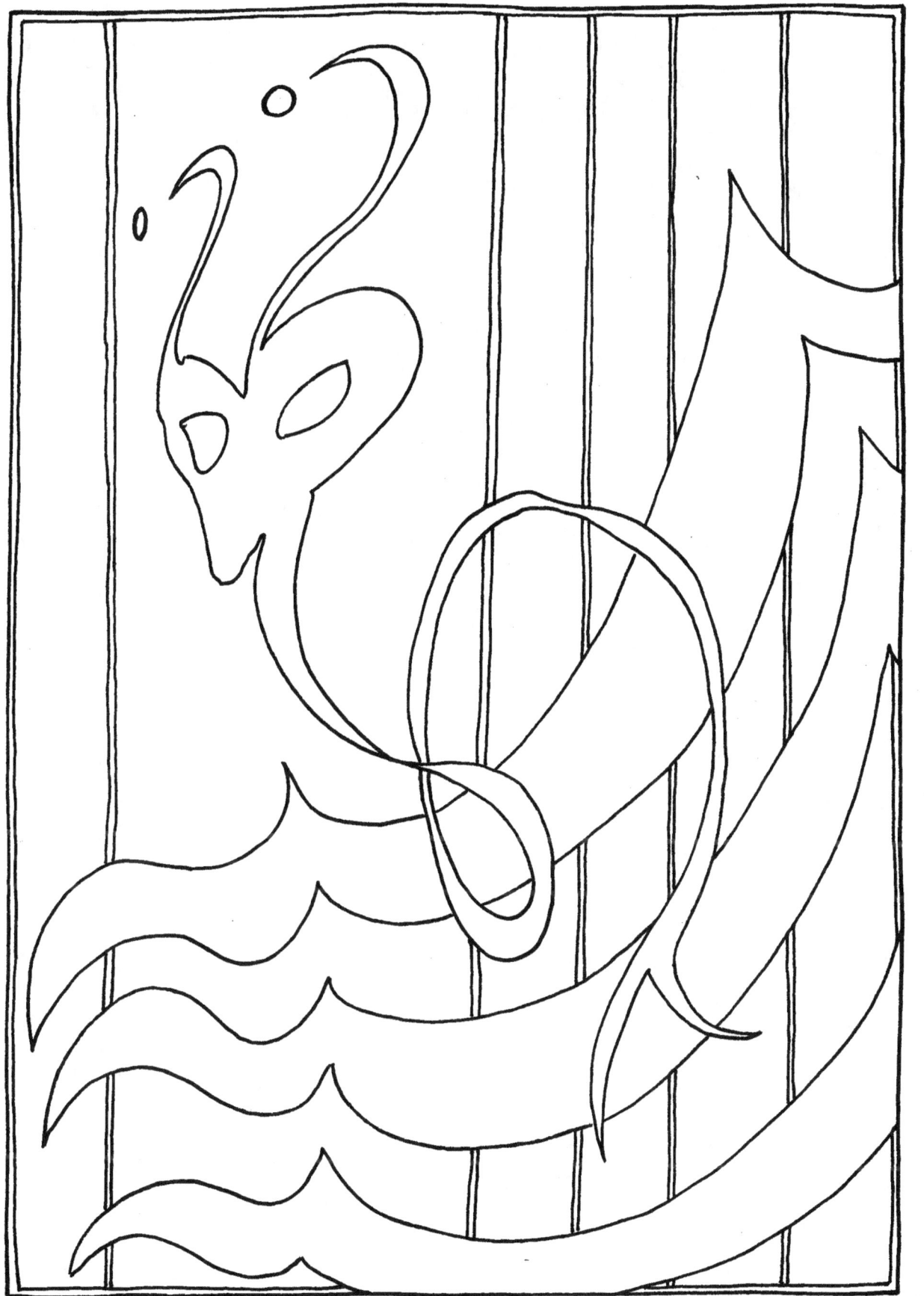

CREATURA #5 ©2018 Joan Worth

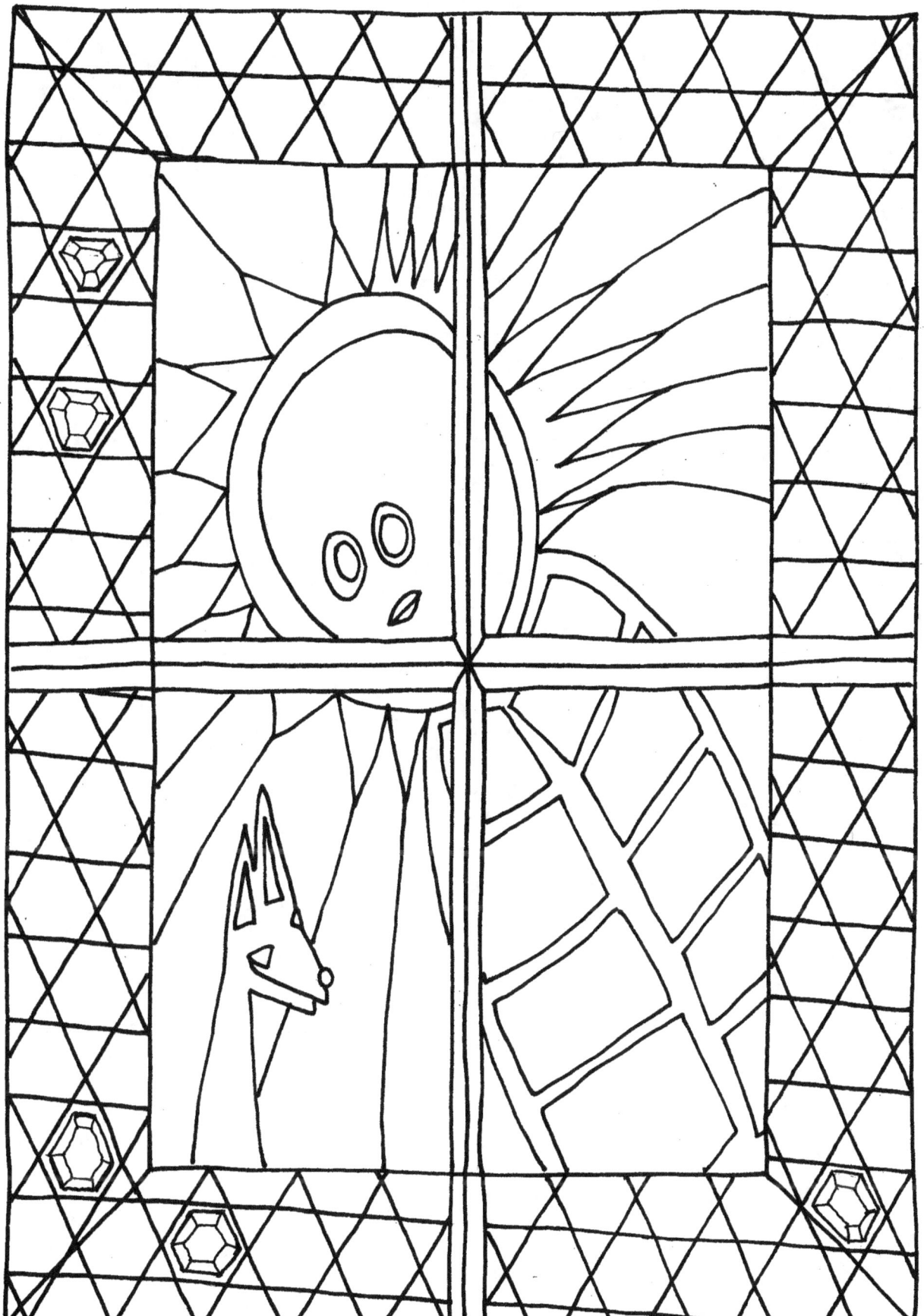

CREATURA #5 ©2018 Joan Worth

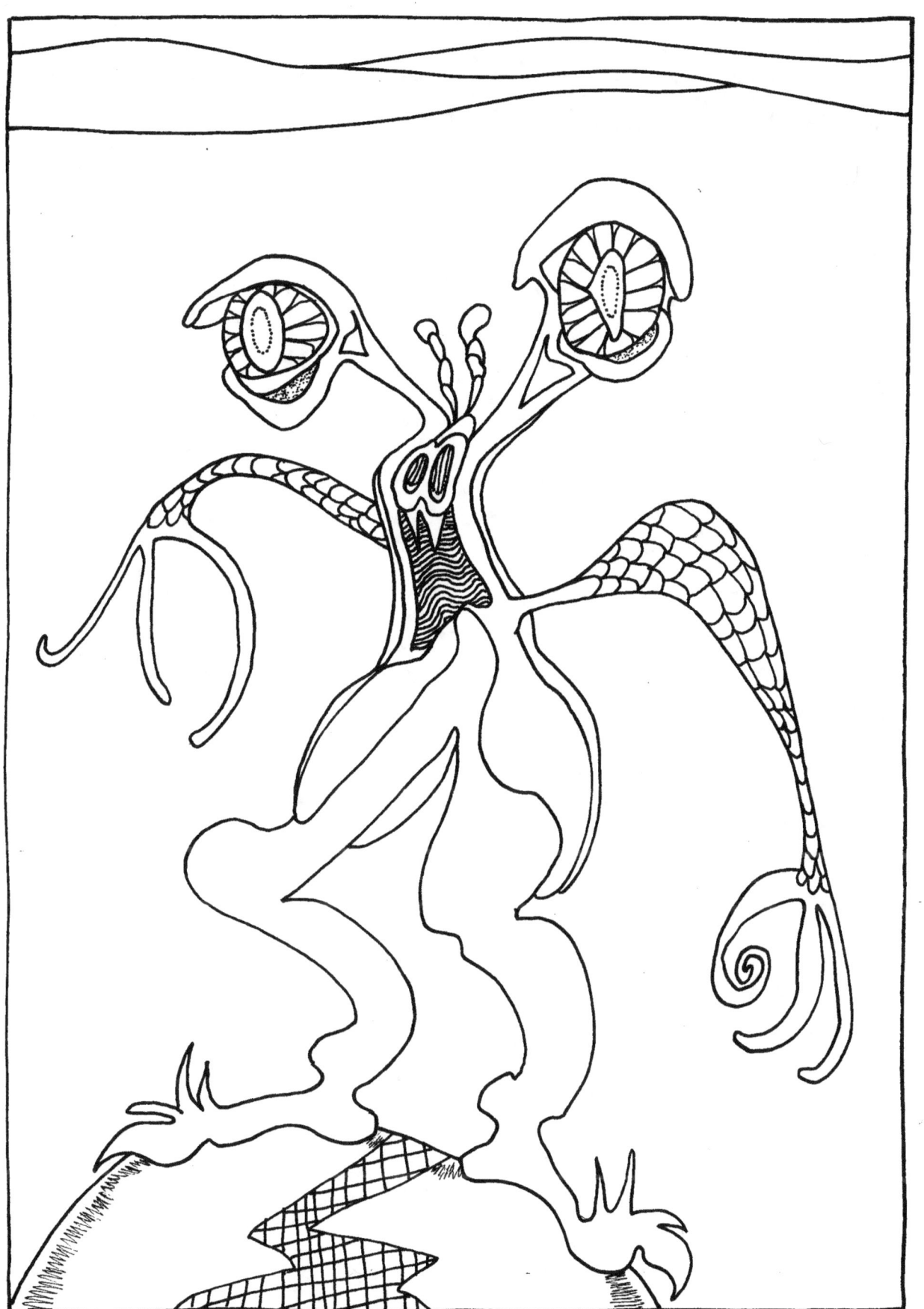

CREATURA #5 ©2018 Joan Worth

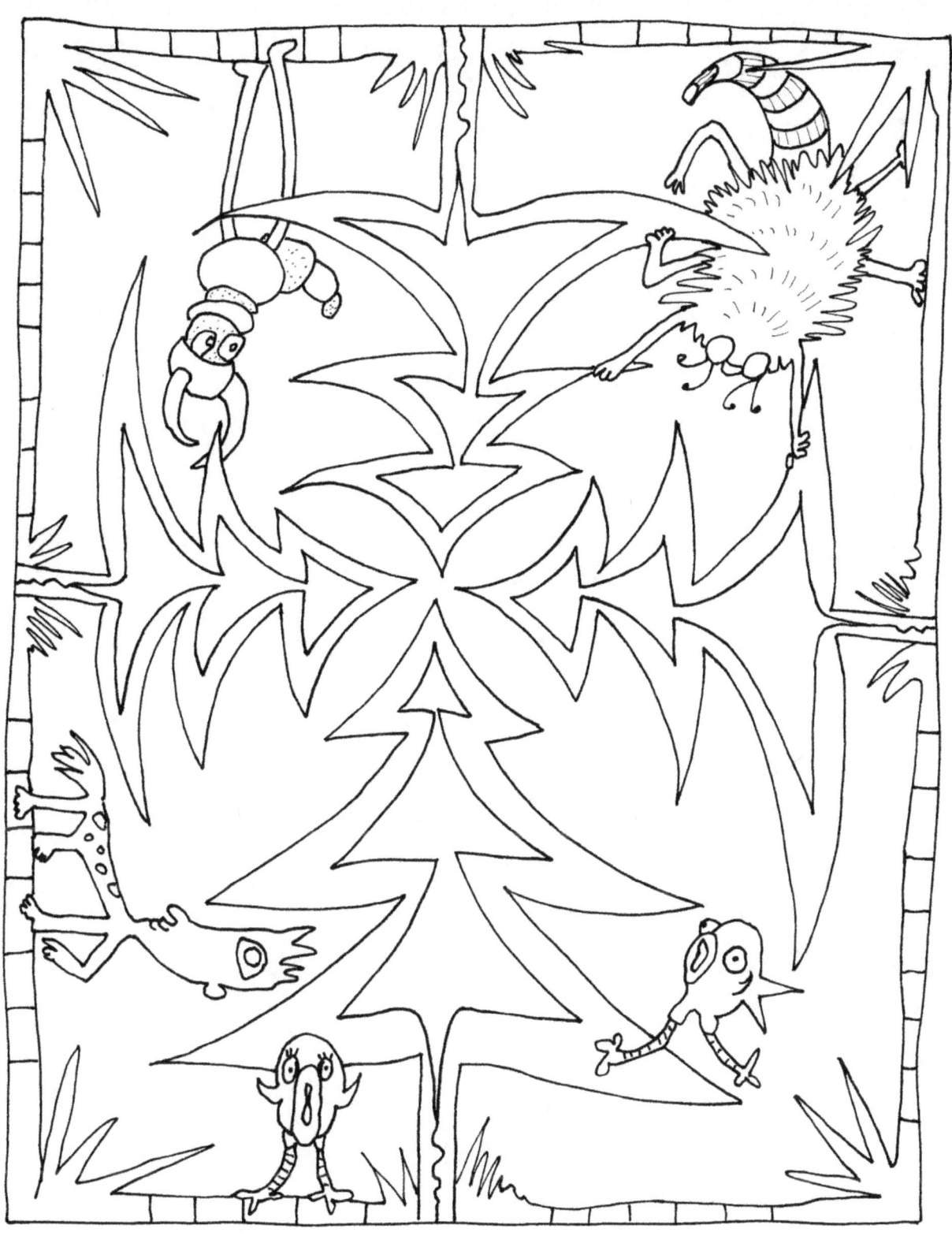

CREATURA #5 ©2018 Joan Worth

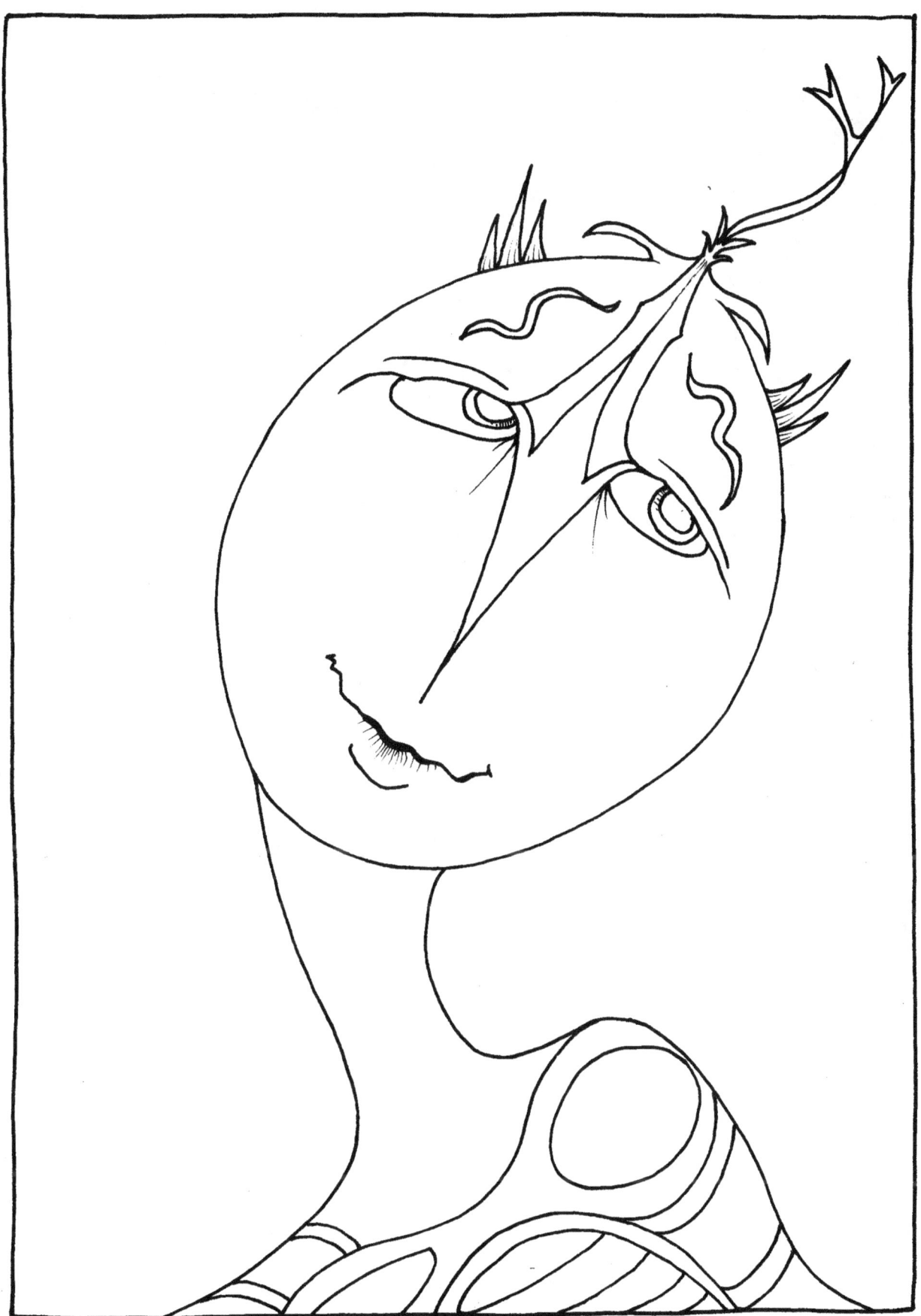

CREATURA #5 ©2018 Joan Worth

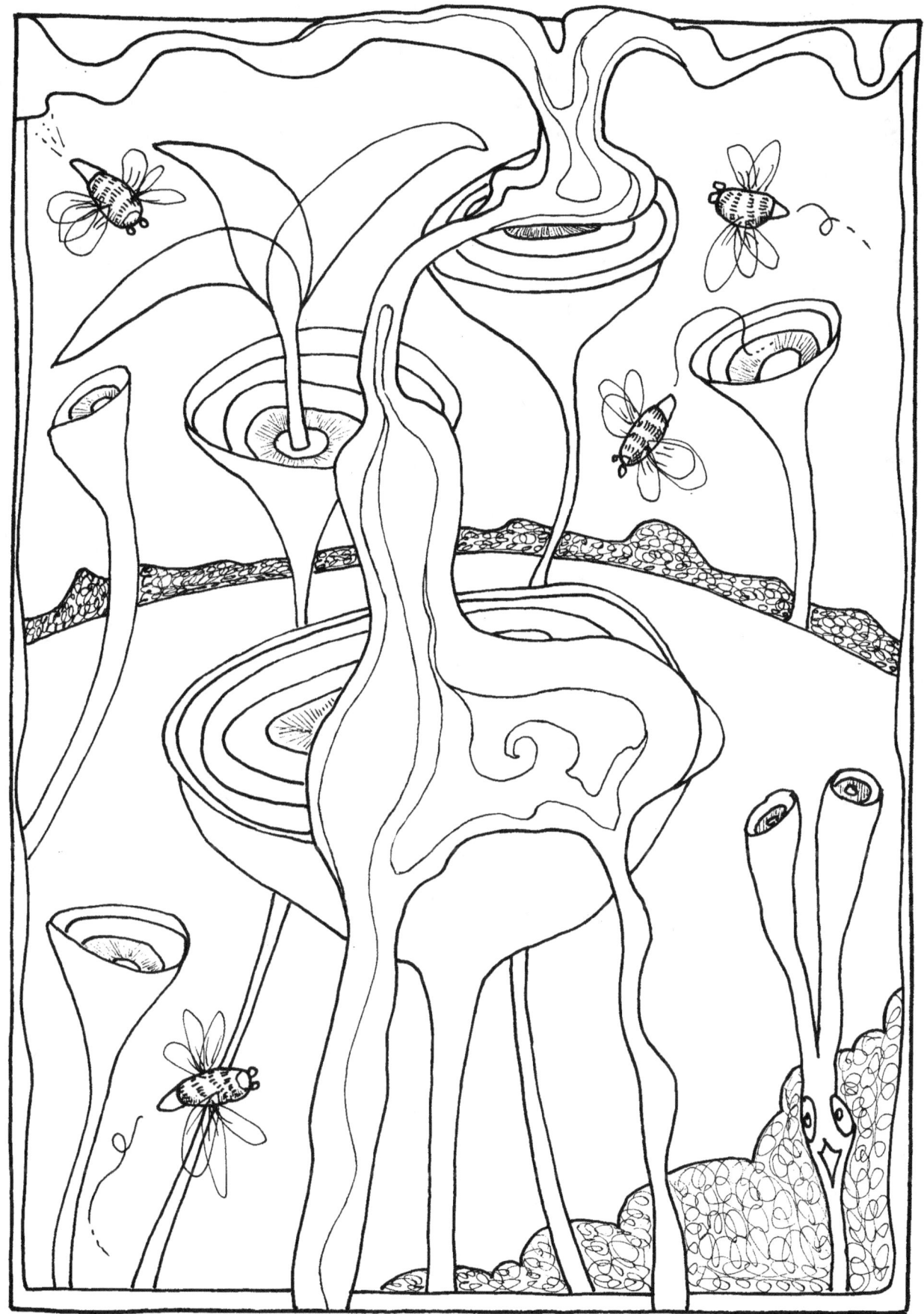

CREATURA #5 ©2018 Joan Worth

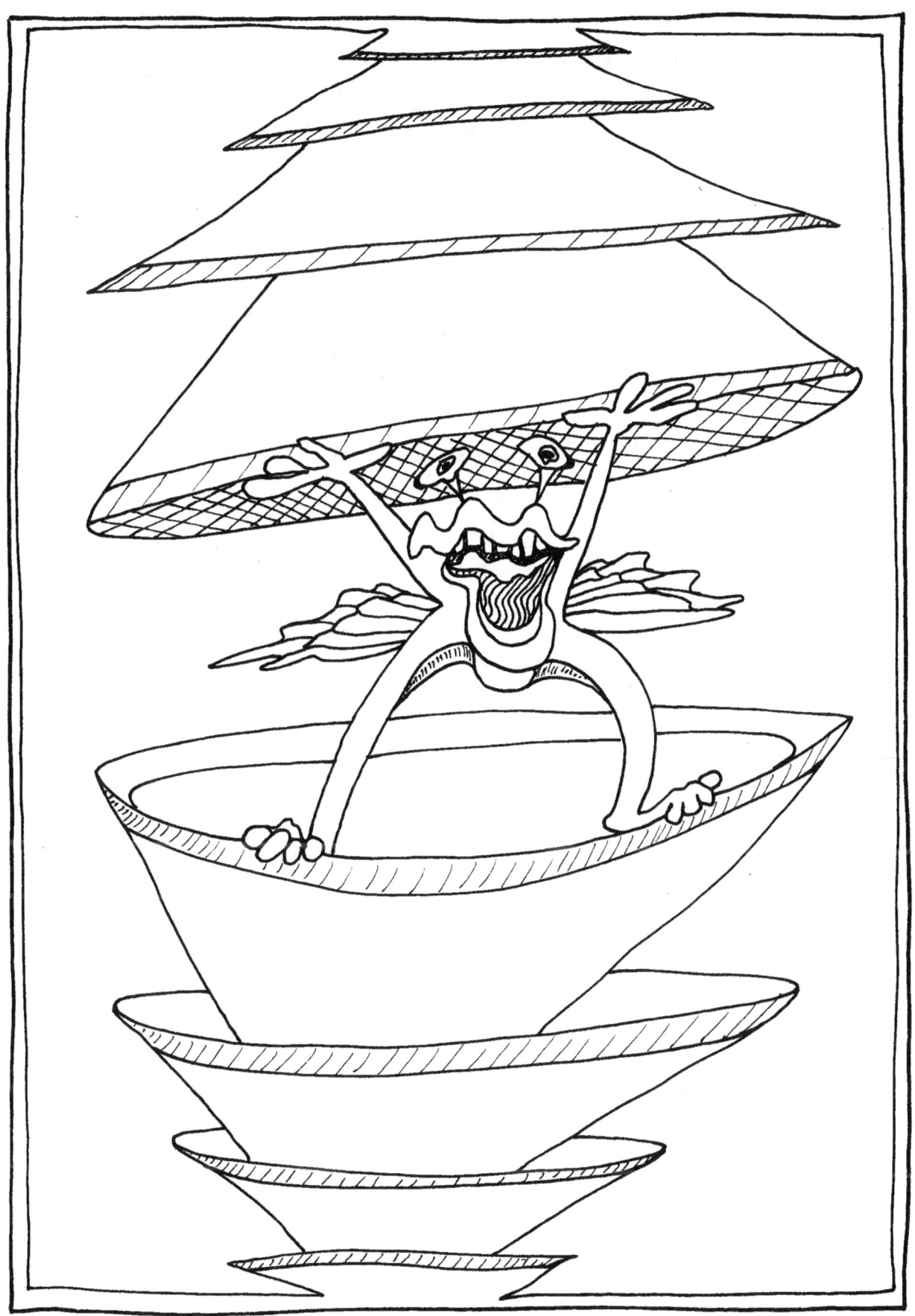

CREATURA #5 ©2018 Joan Worth

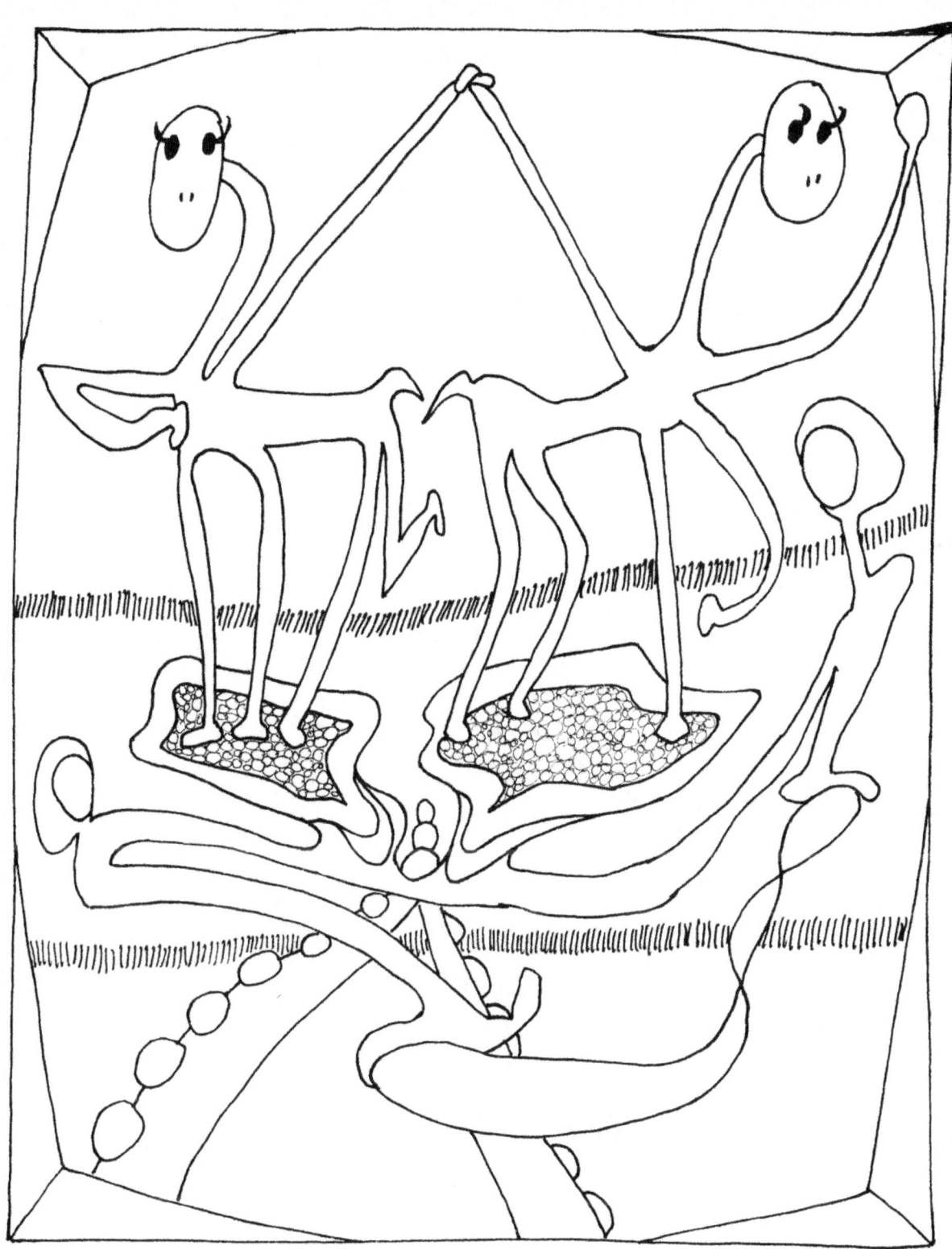

CREATURA #5 ©2018 Joan Worth

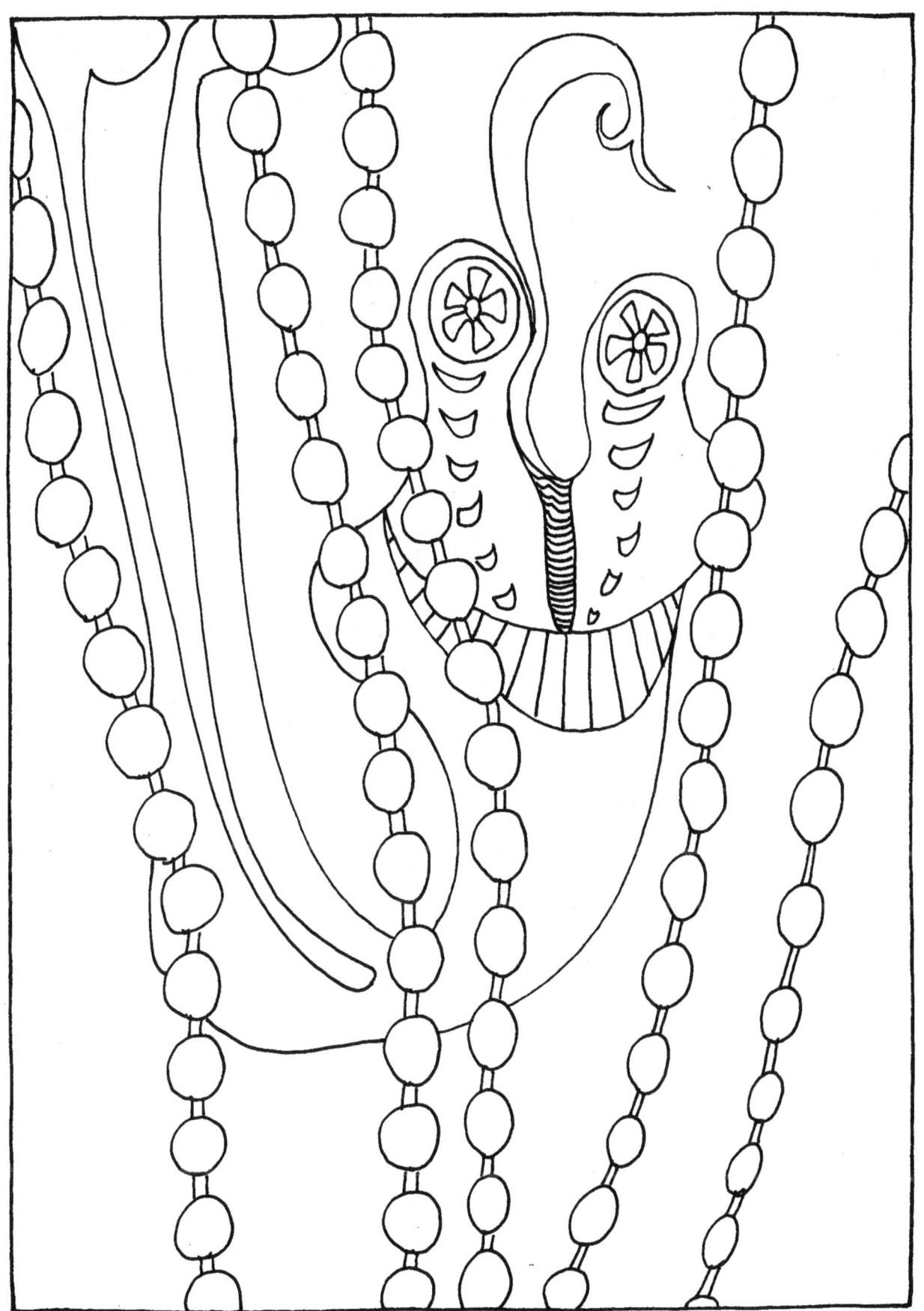

CREATURA #5 ©2018 Joan Worth

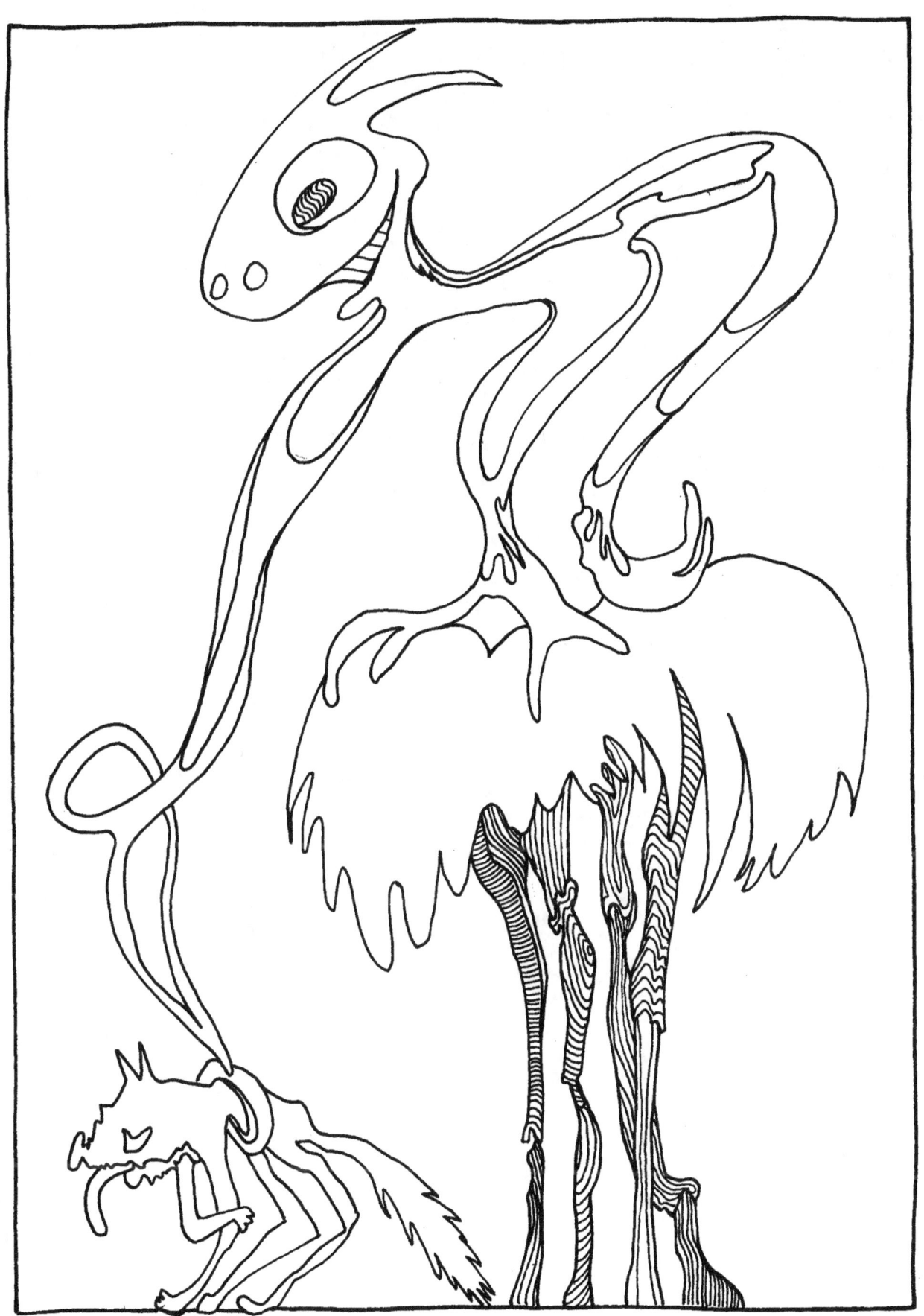

CREATURA #5 ©2018 Joan Worth

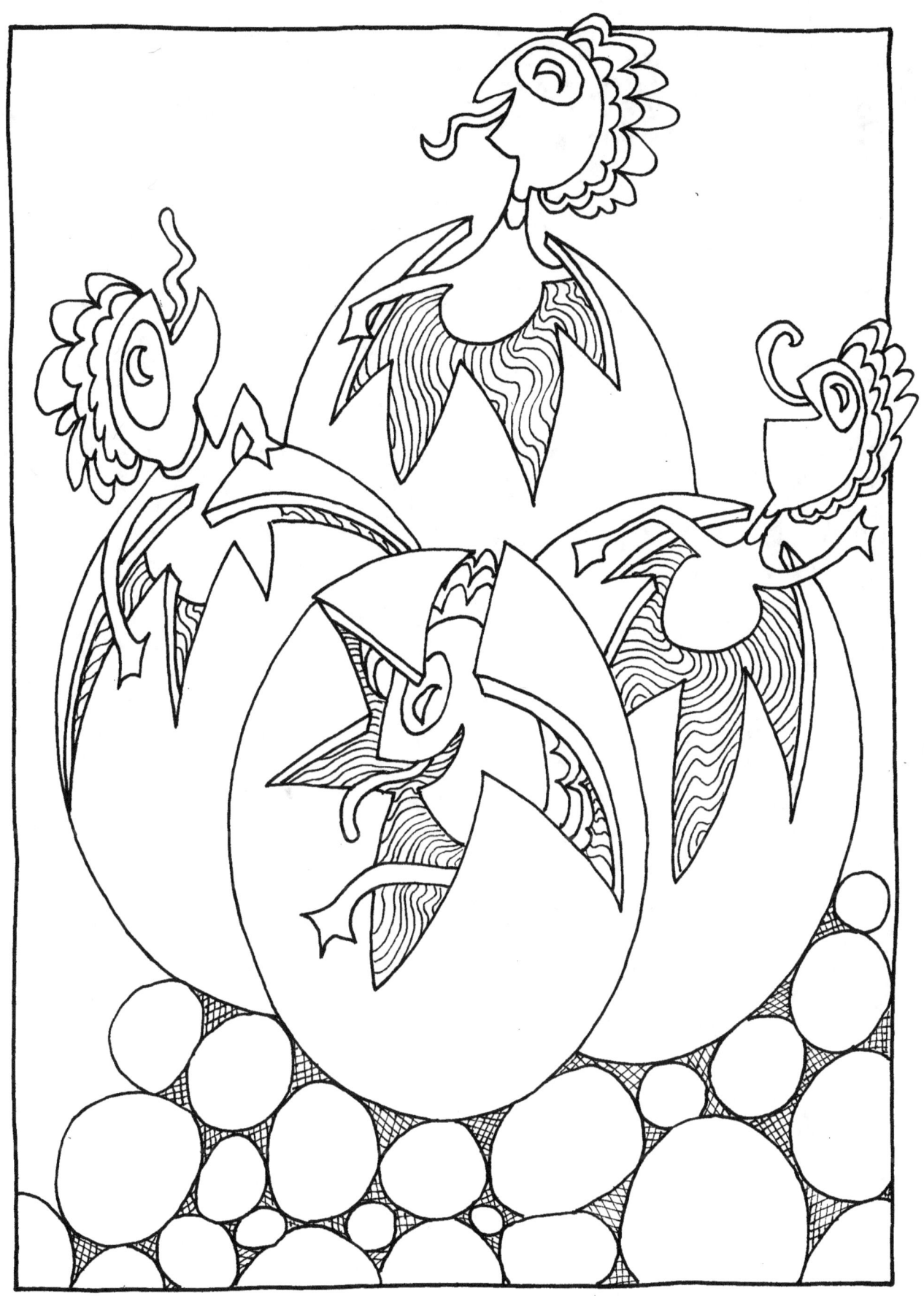

CREATURA #5 ©2018 Joan Worth

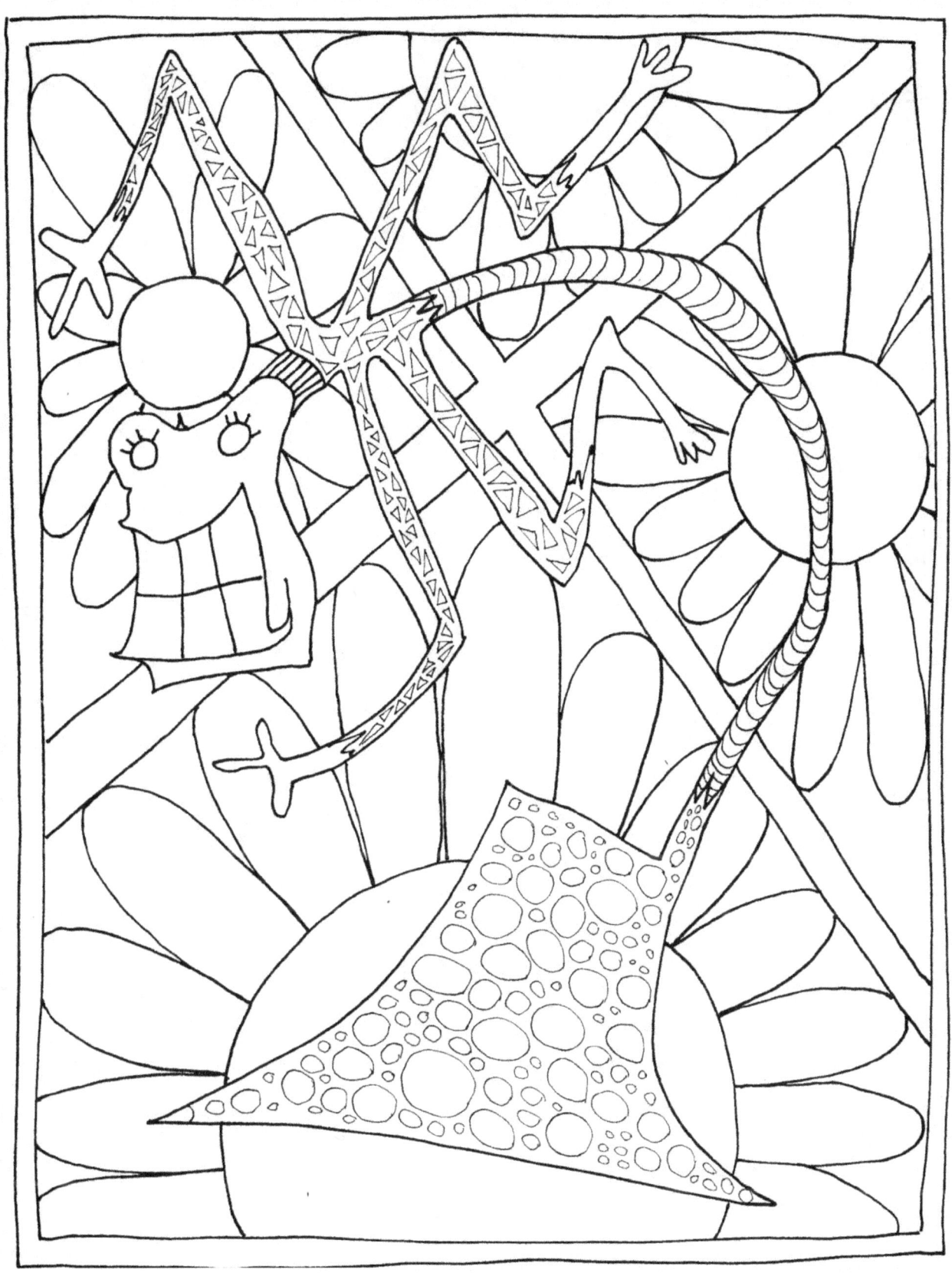

CREATURA #5 ©2018 Joan Worth

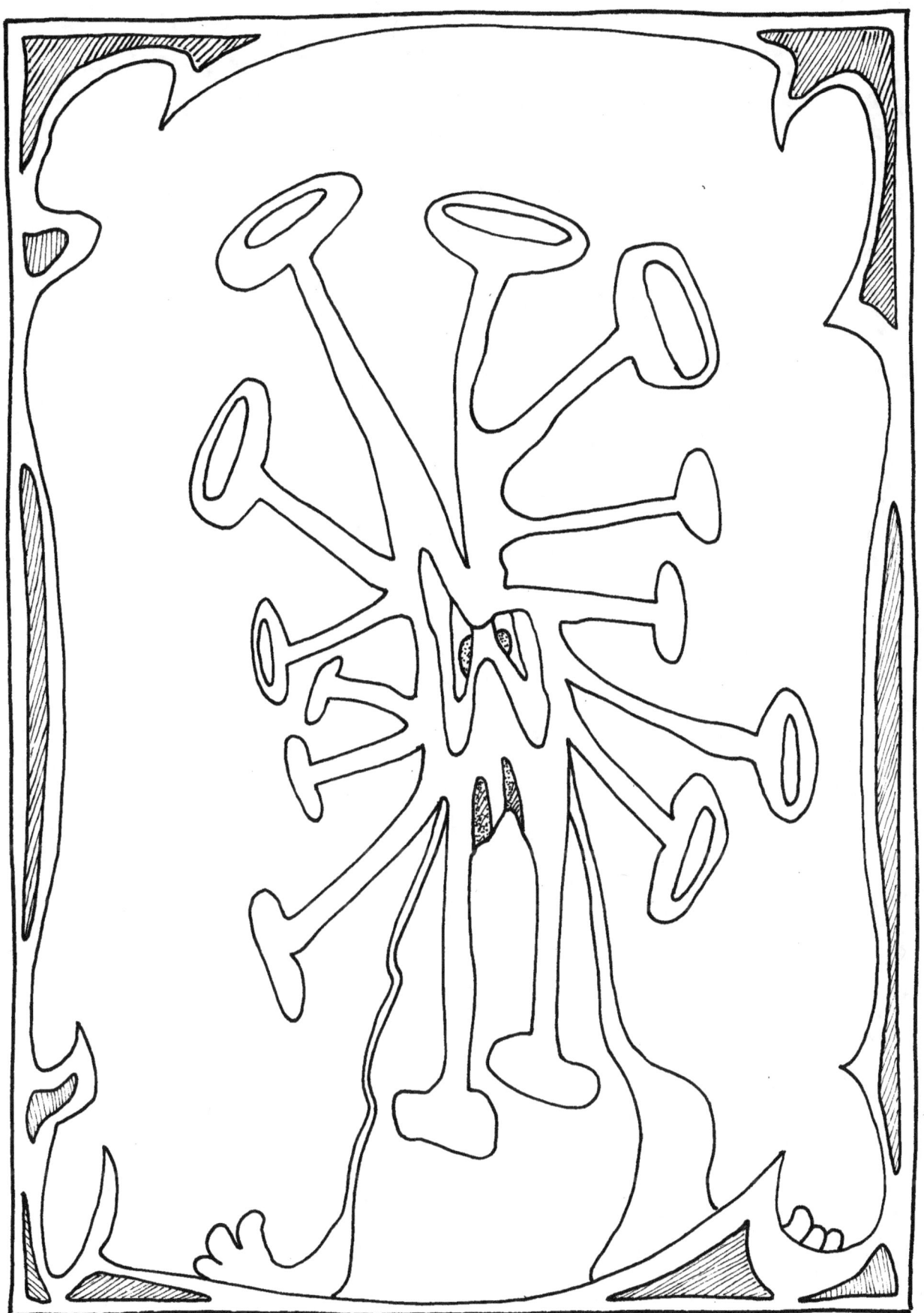

CREATURA #5 ©2018 Joan Worth

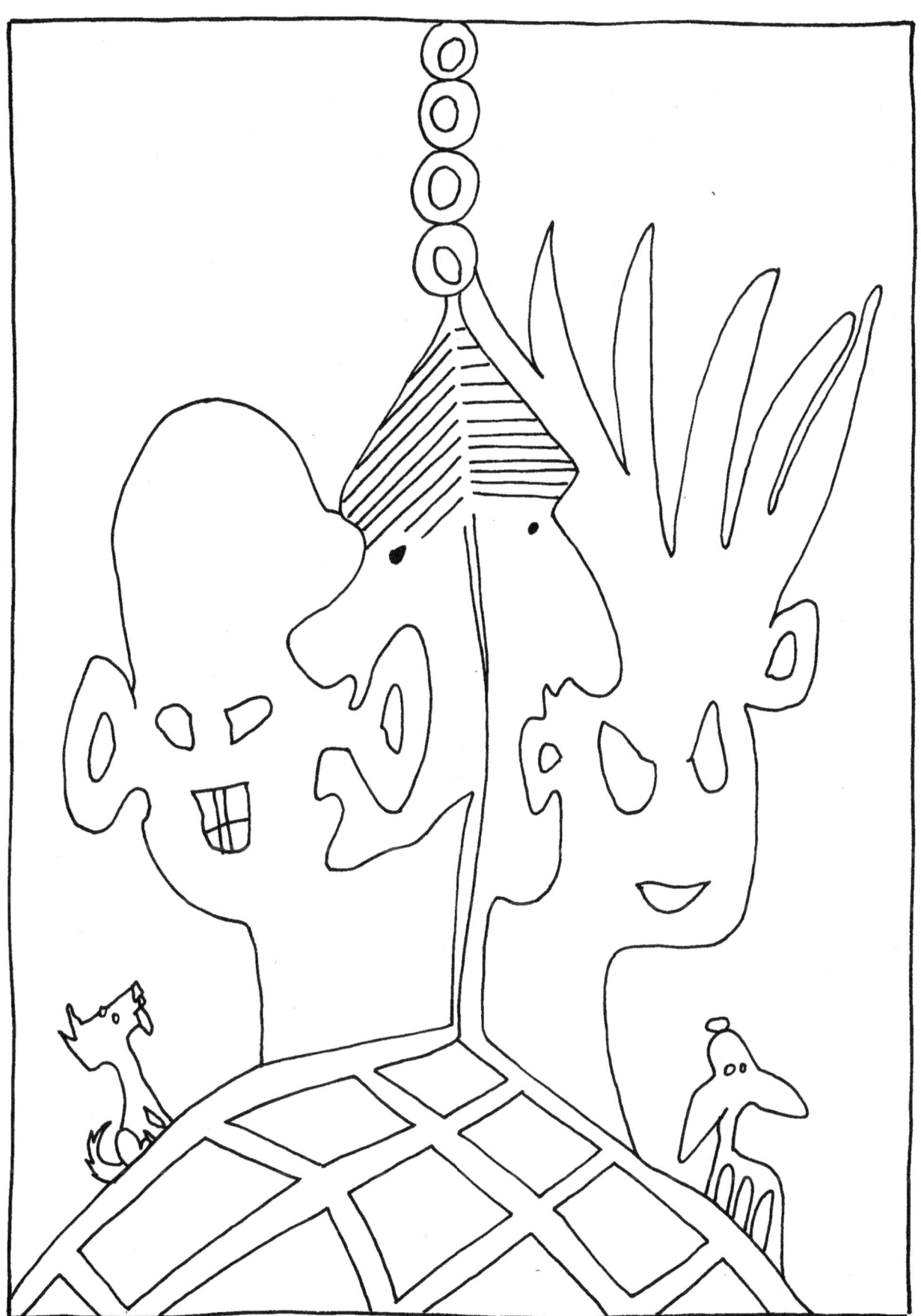

CREATURA #5 ©2018 Joan Worth

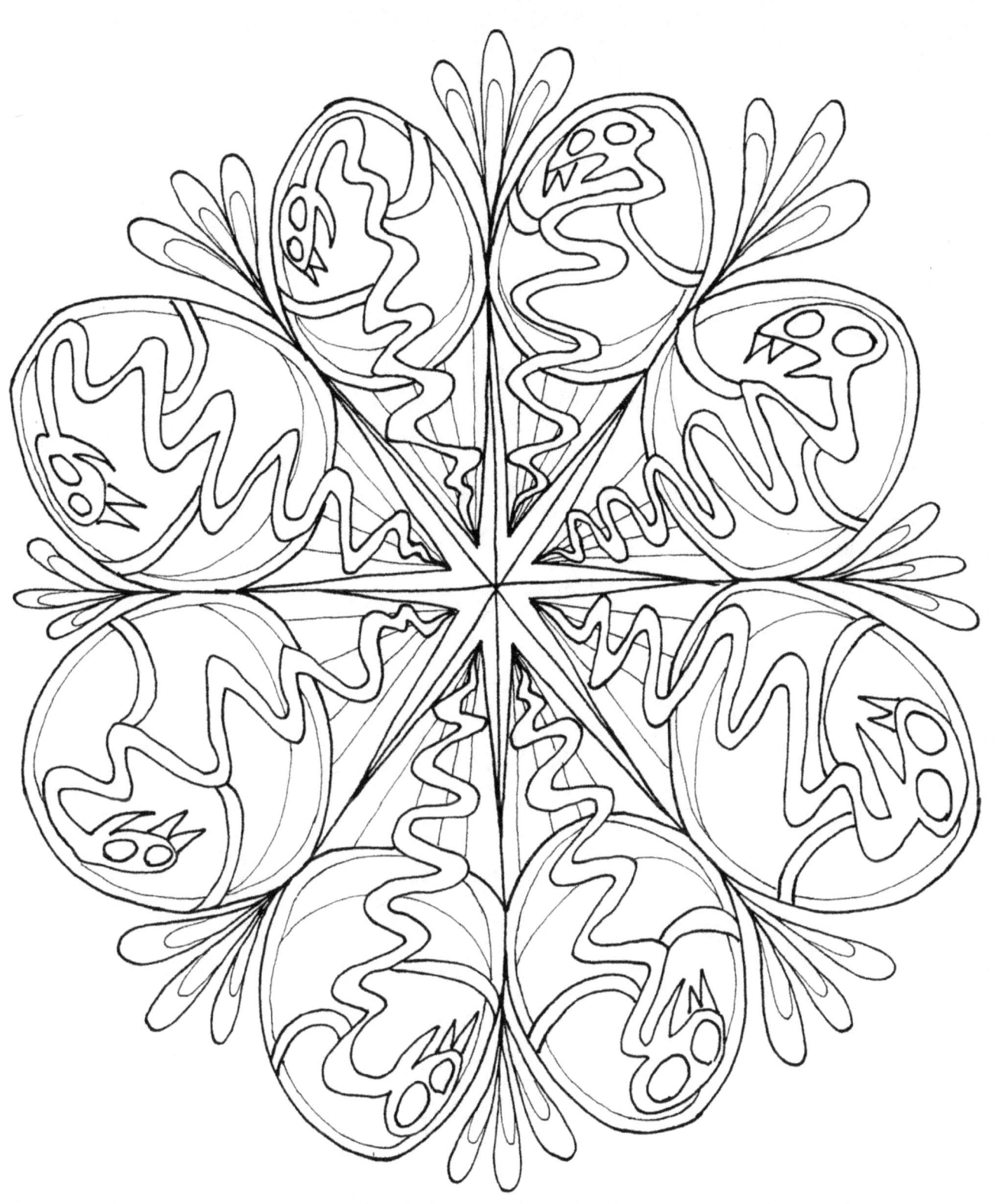

CREATURA #5 ©2018 Joan Worth

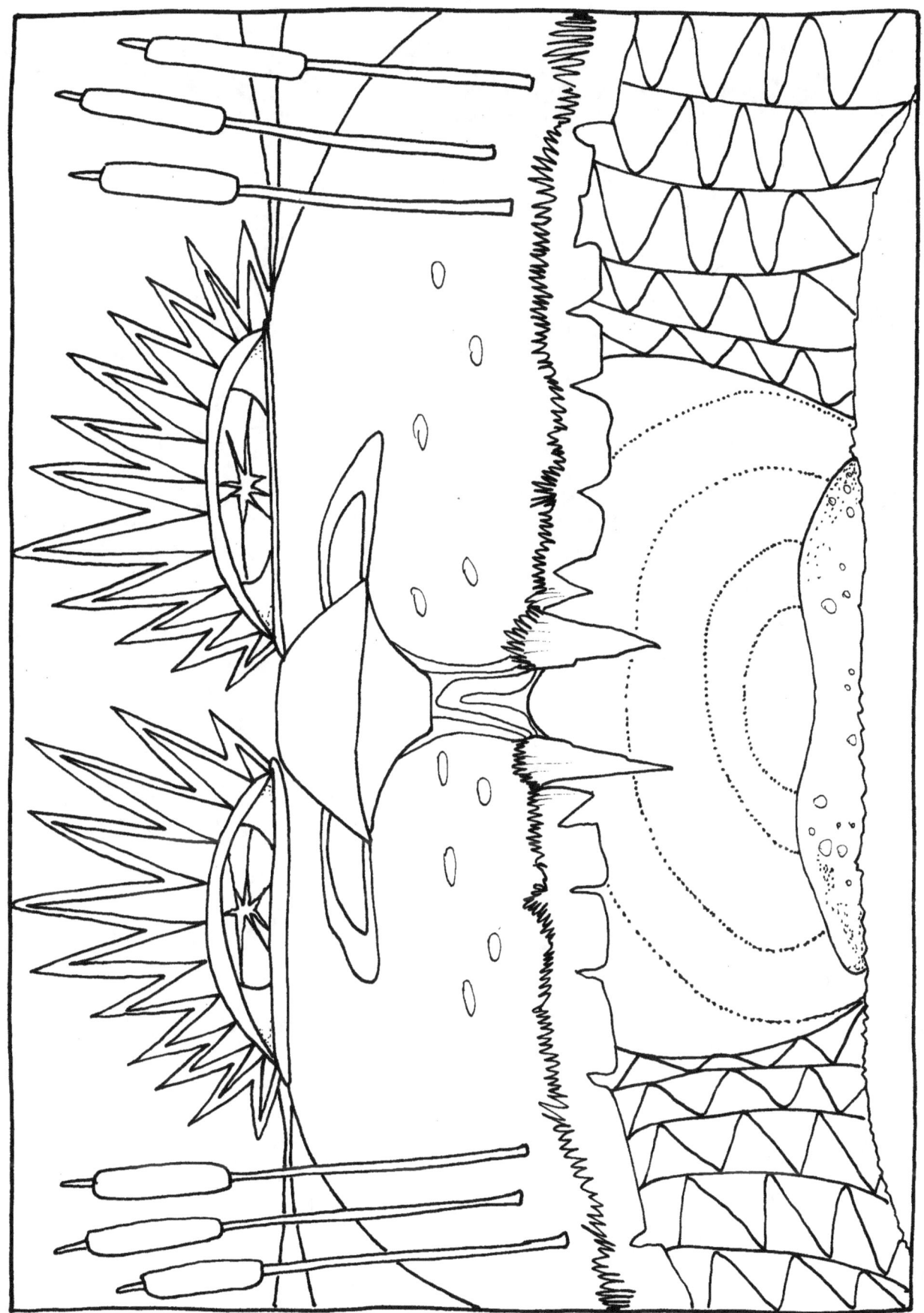

CREATURA #5 ©2018 Joan Worth

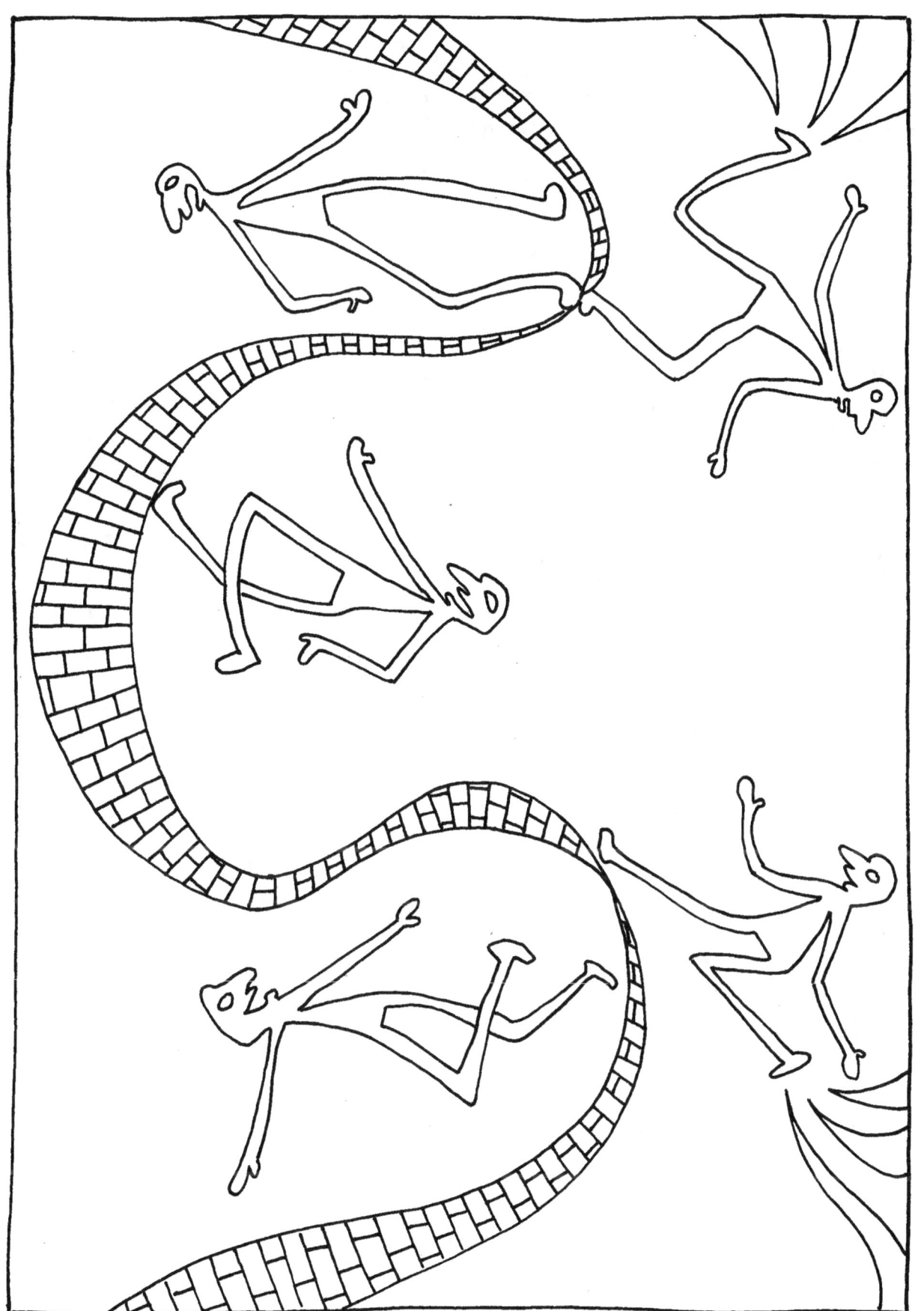

CREATURA #5 ©2018 Joan Worth

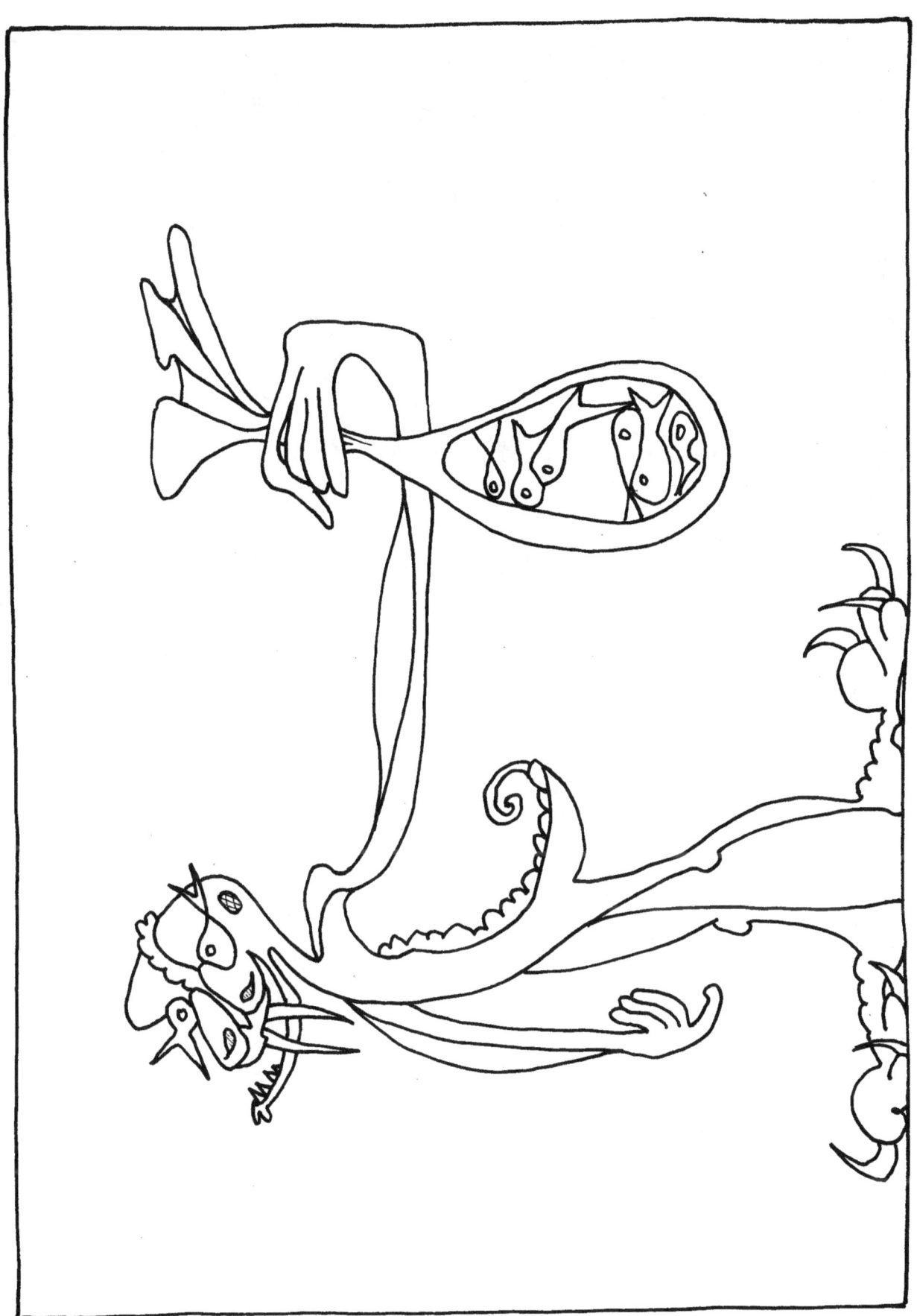

CREATURA #5 ©2018 Joan Worth

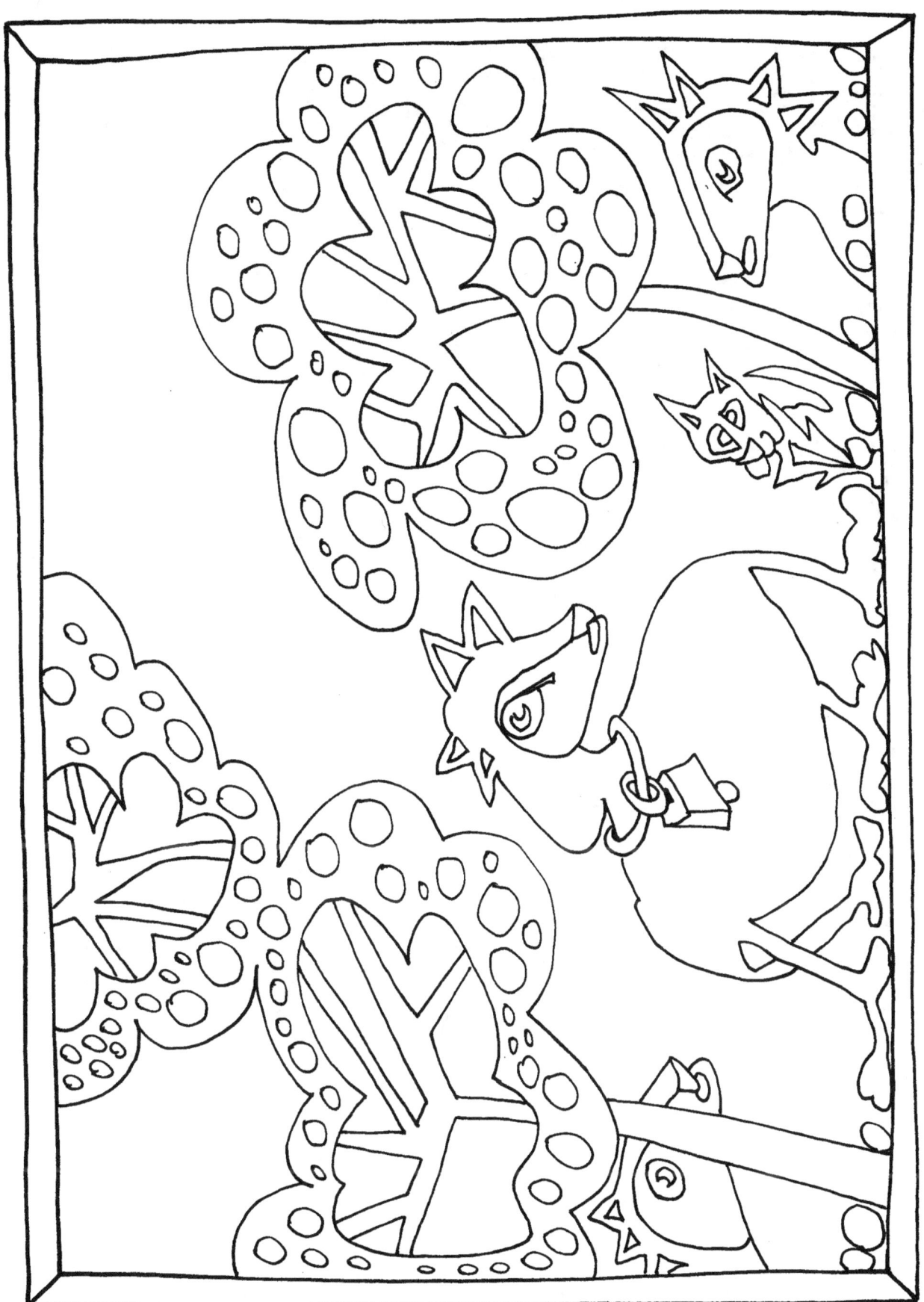

CREATURA #5 ©2018 Joan Worth

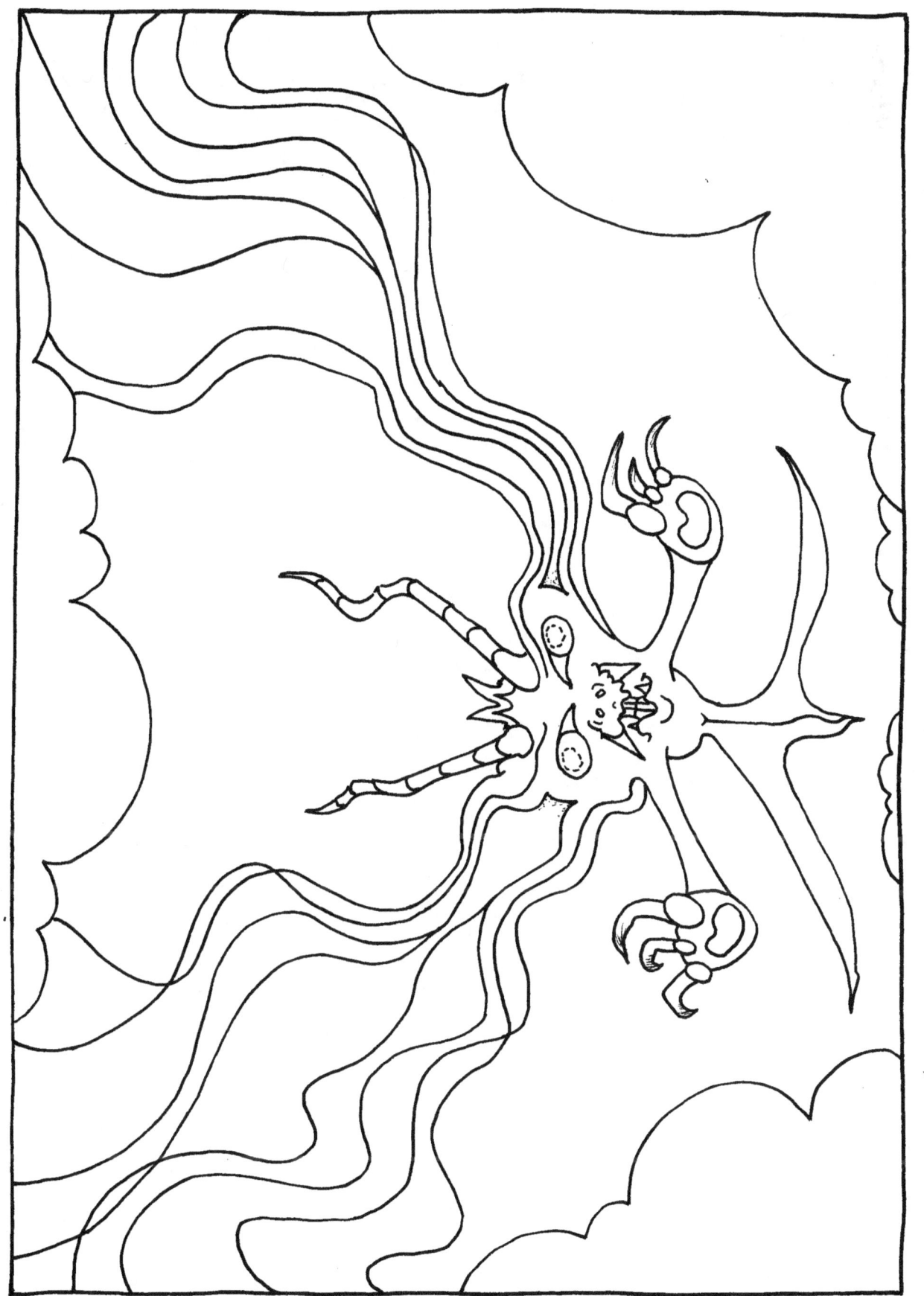

CREATURA #5 ©2018 Joan Worth

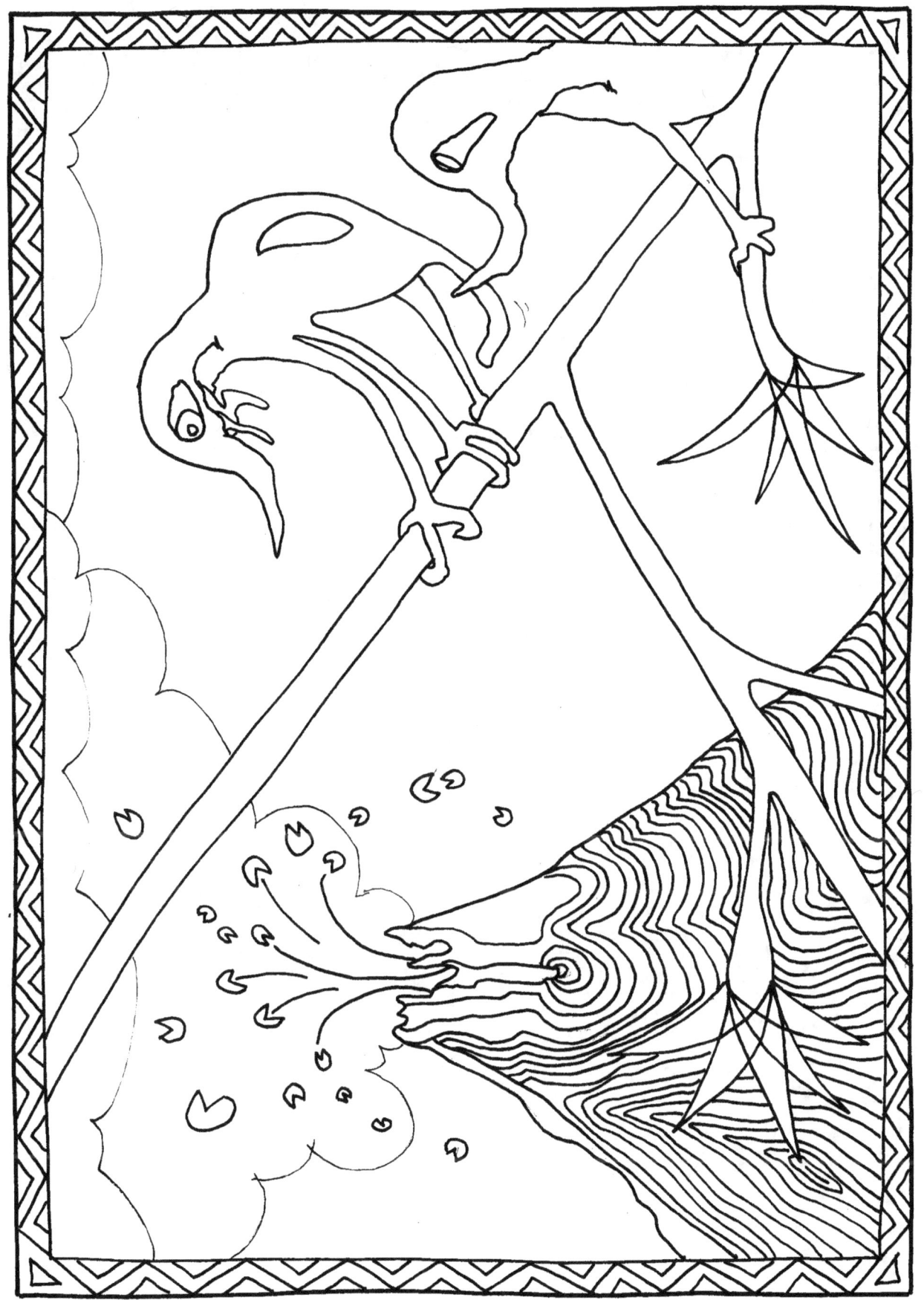

CREATURA #5 ©2018 Joan Worth

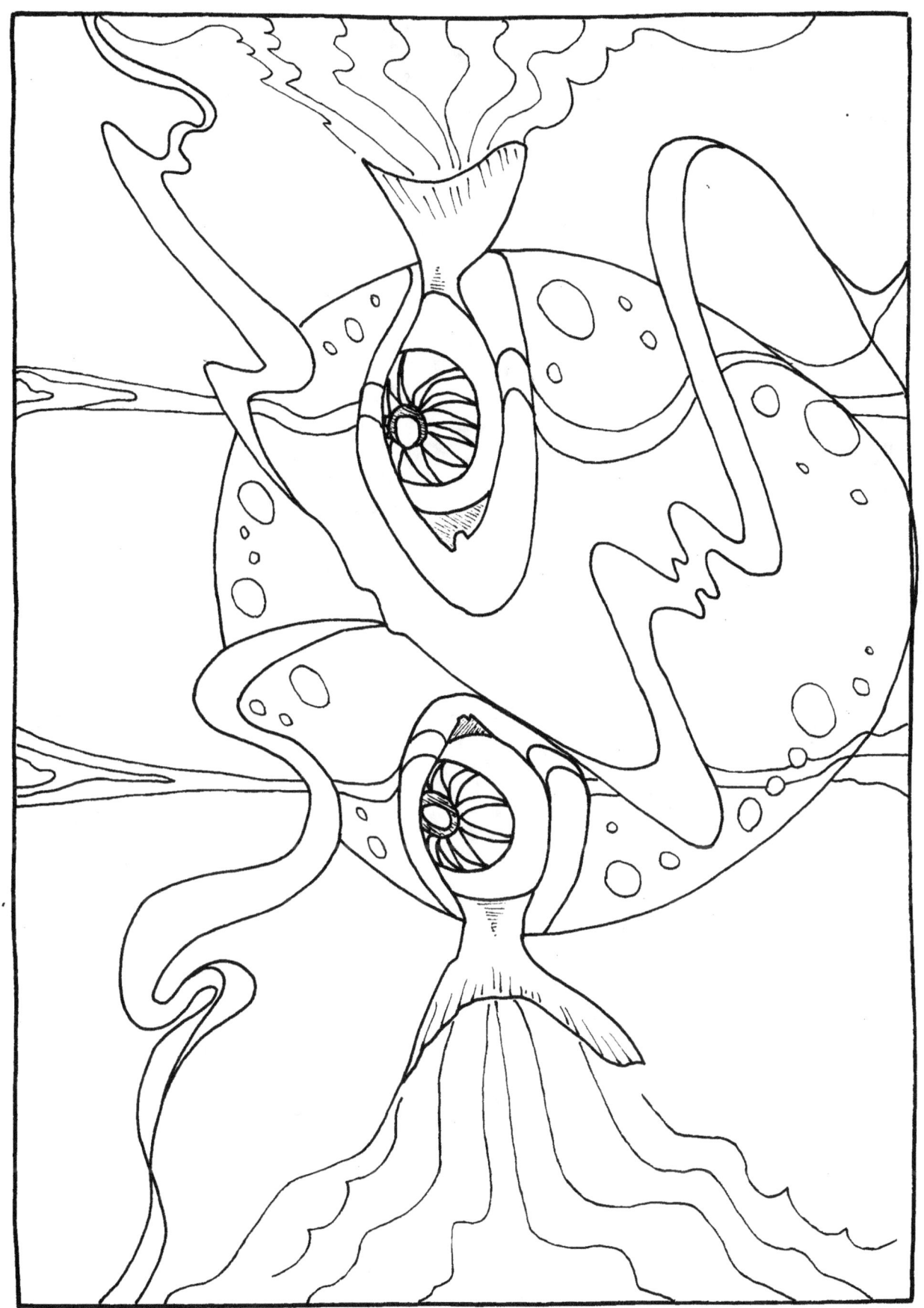

CREATURA #5 ©2018 Joan Worth

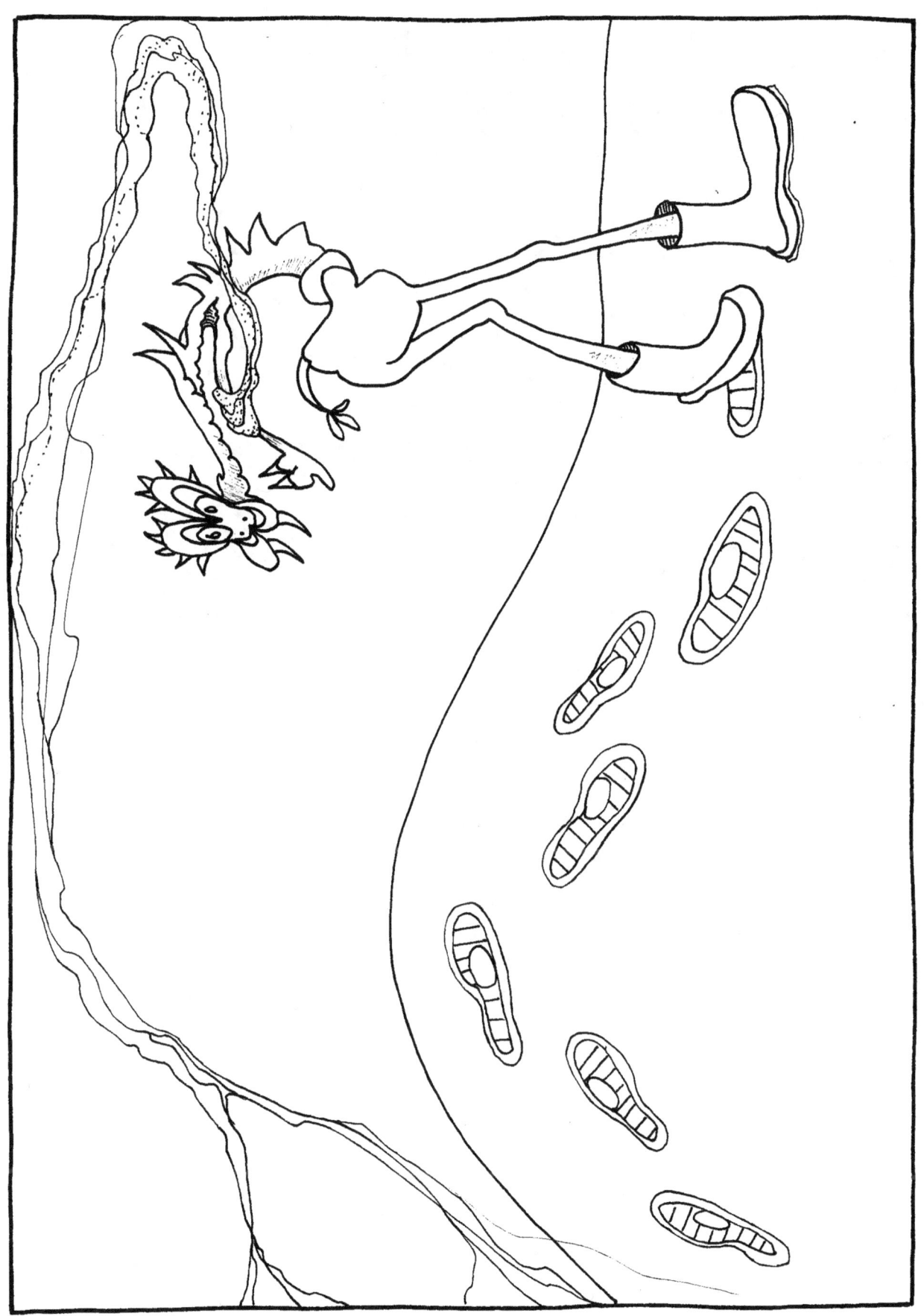

CREATURA #5 ©2018 Joan Worth

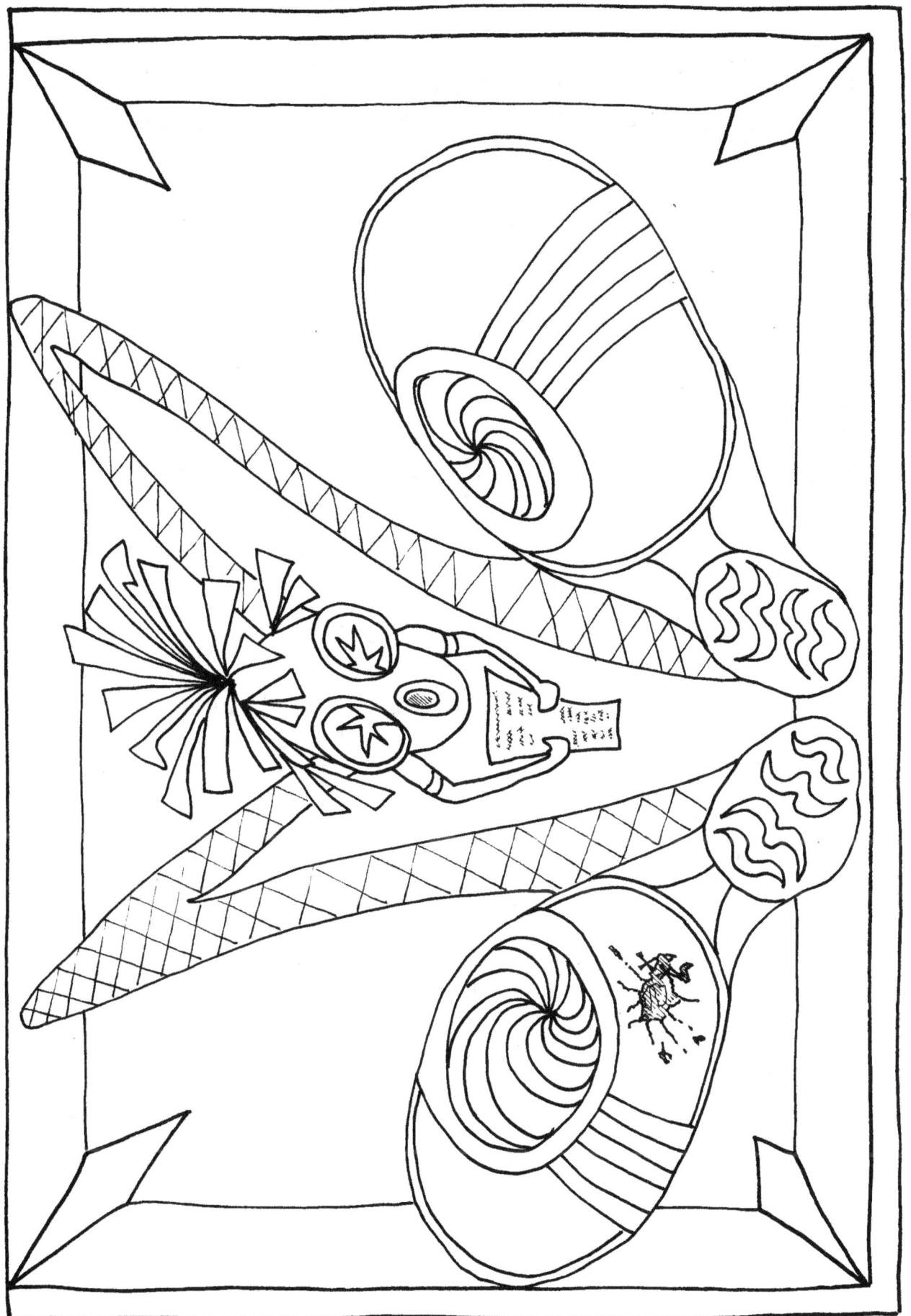

CREATURA #5 ©2018 Joan Worth

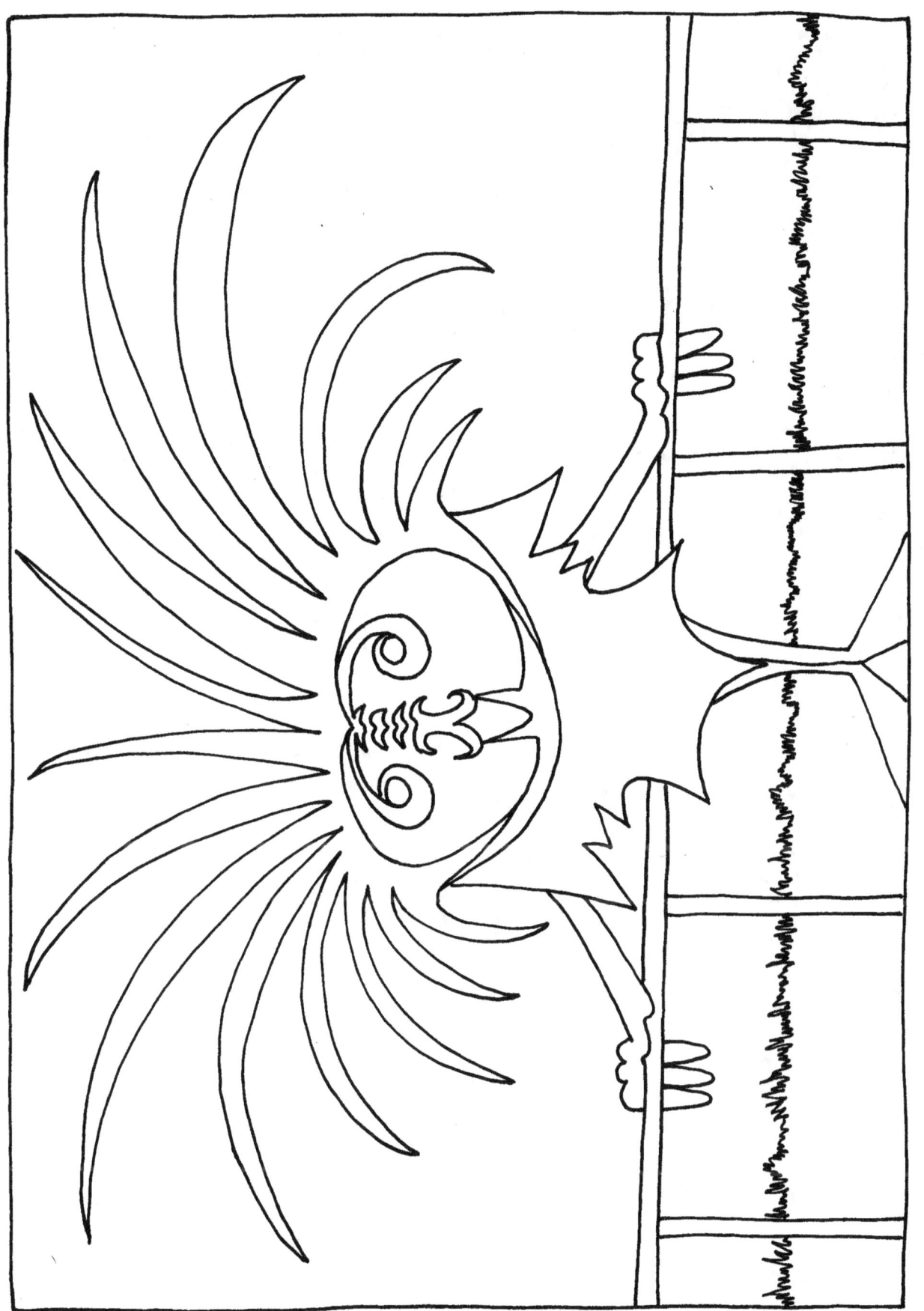

CREATURA #5 ©2018 Joan Worth

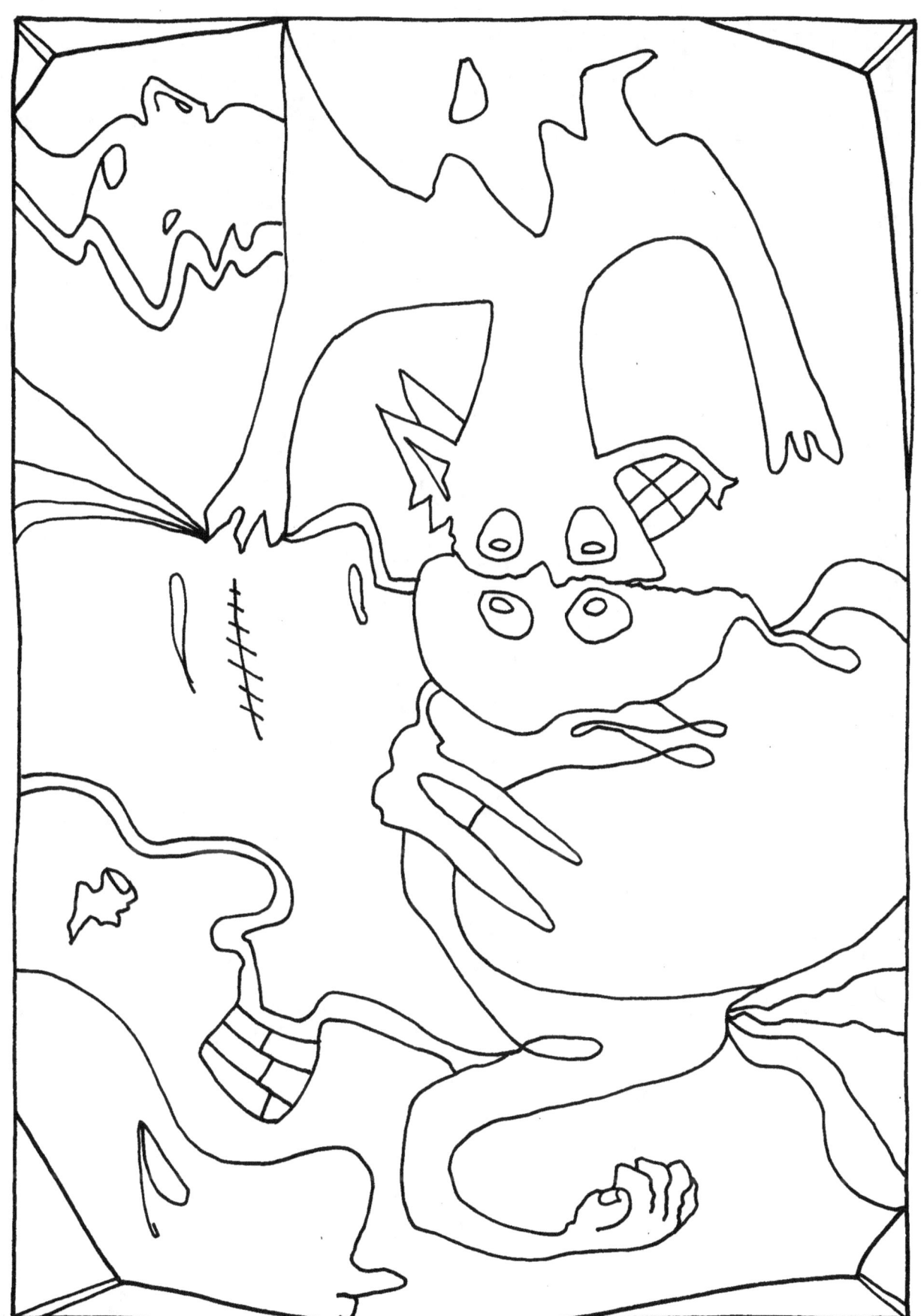

CREATURA #5 ©2018 Joan Worth

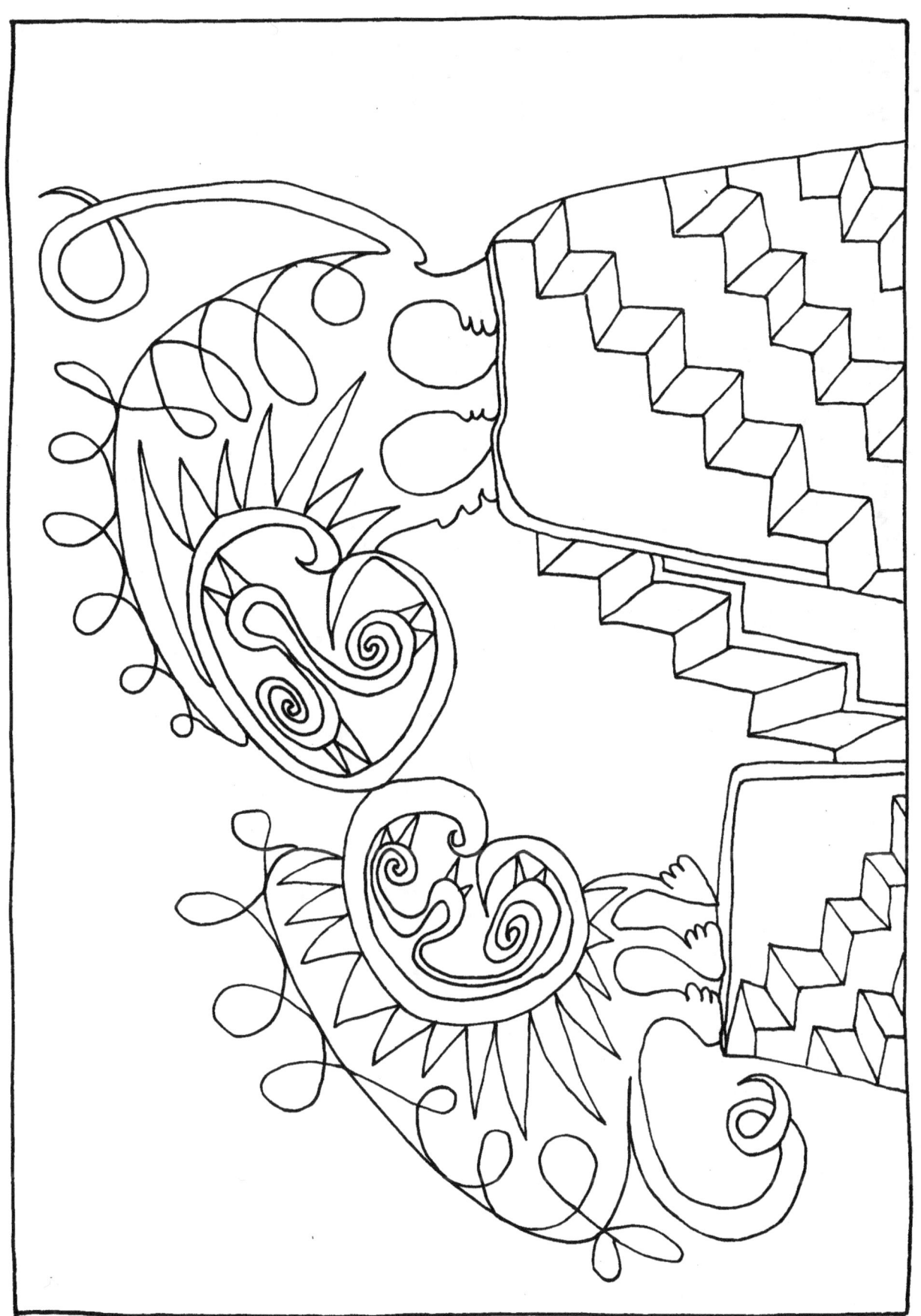

CREATURA #5 ©2018 Joan Worth

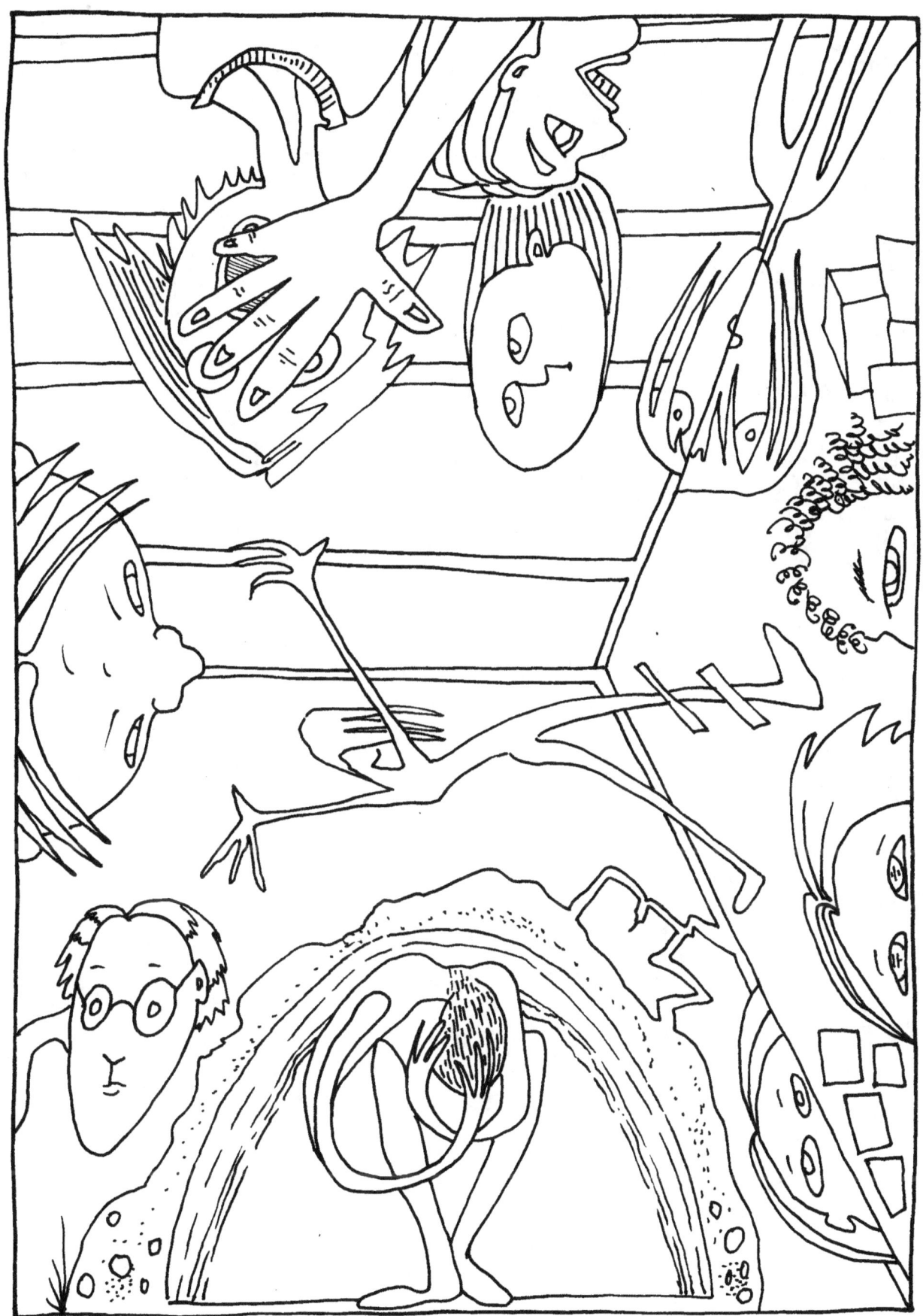

CREATURA #5 ©2018 Joan Worth

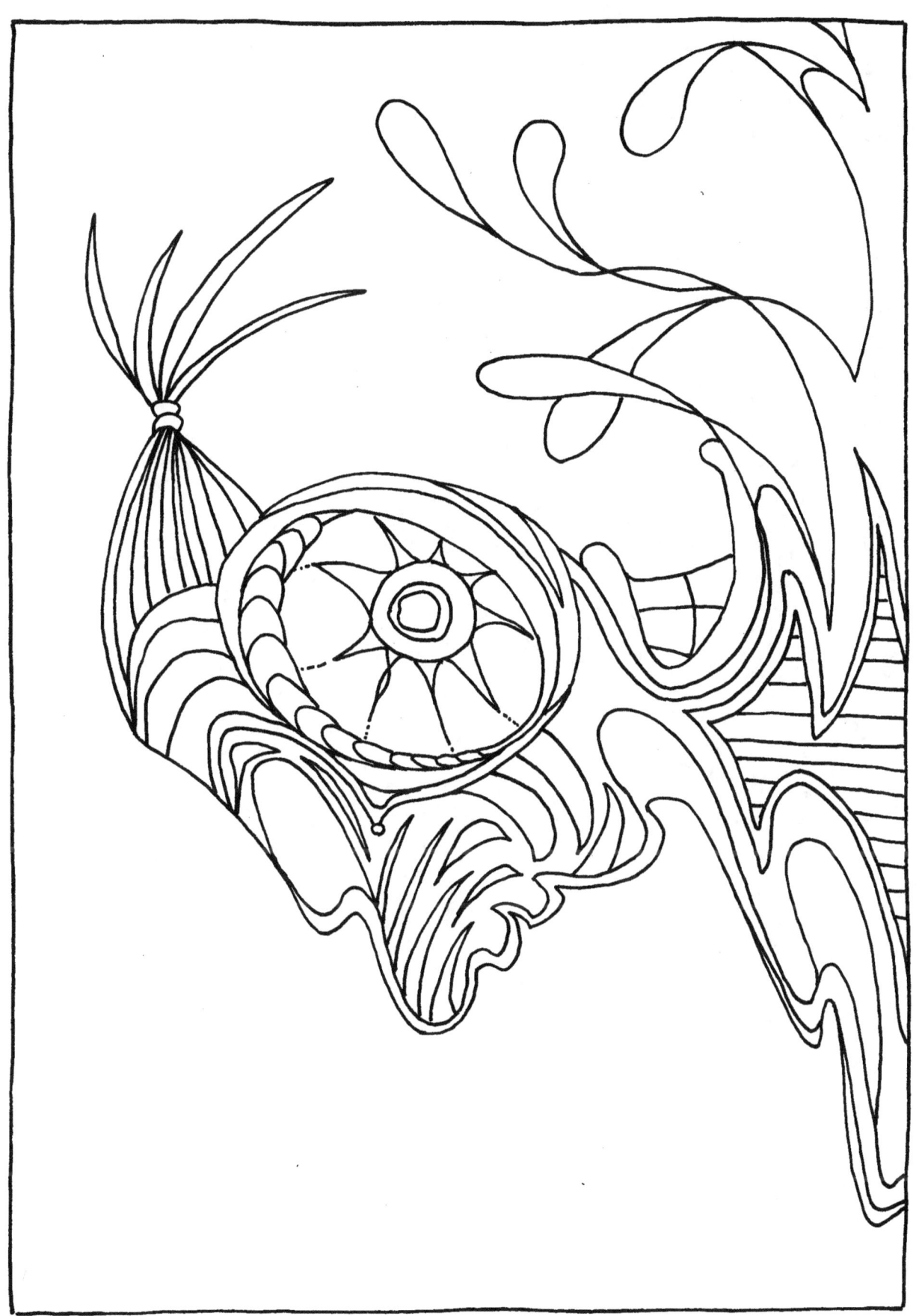

CREATURA #5 ©2018 Joan Worth

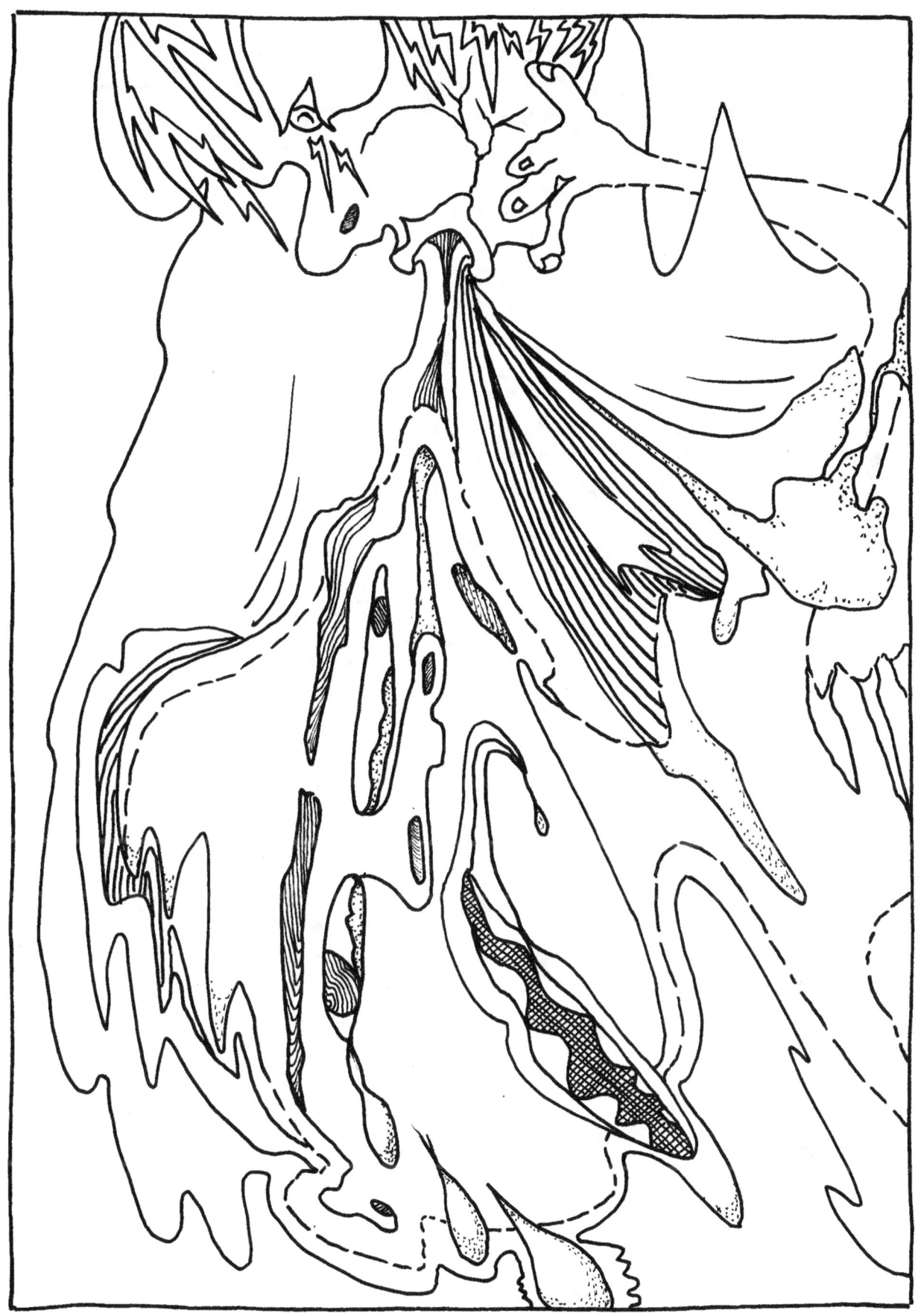

CREATURA #5 ©2018 Joan Worth

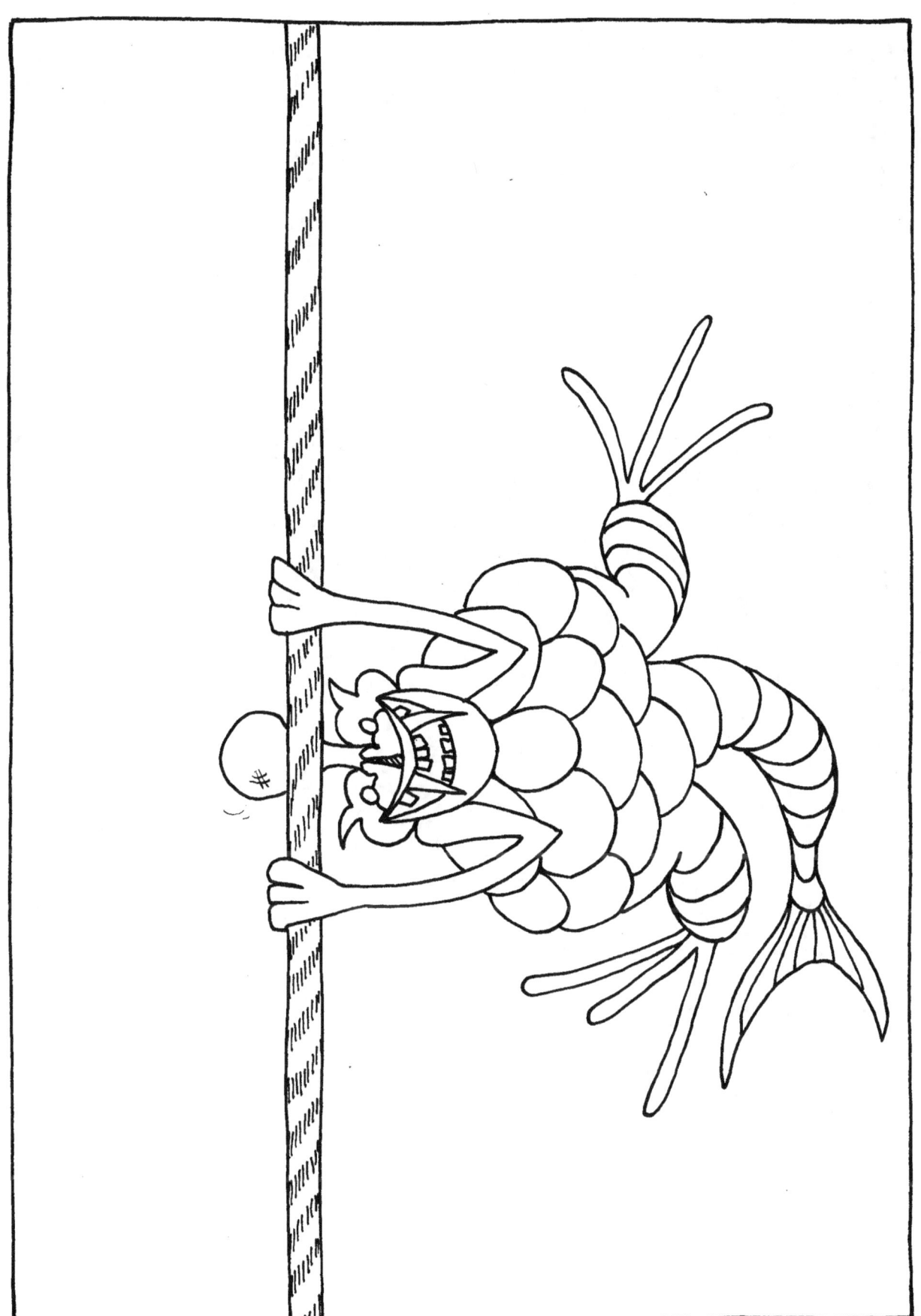

CREATURA #5 ©2018 Joan Worth

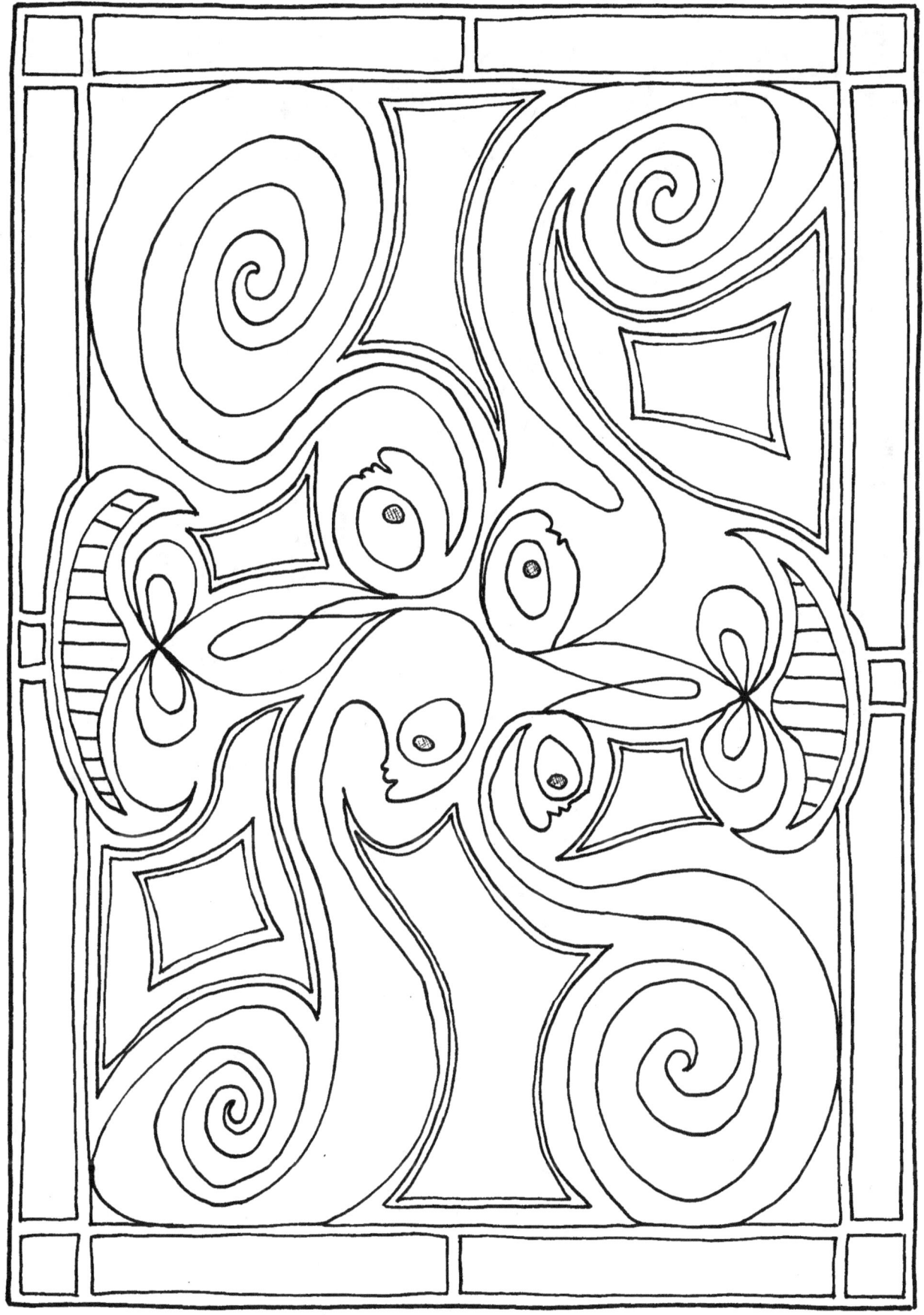

CREATURA #5 ©2018 Joan Worth

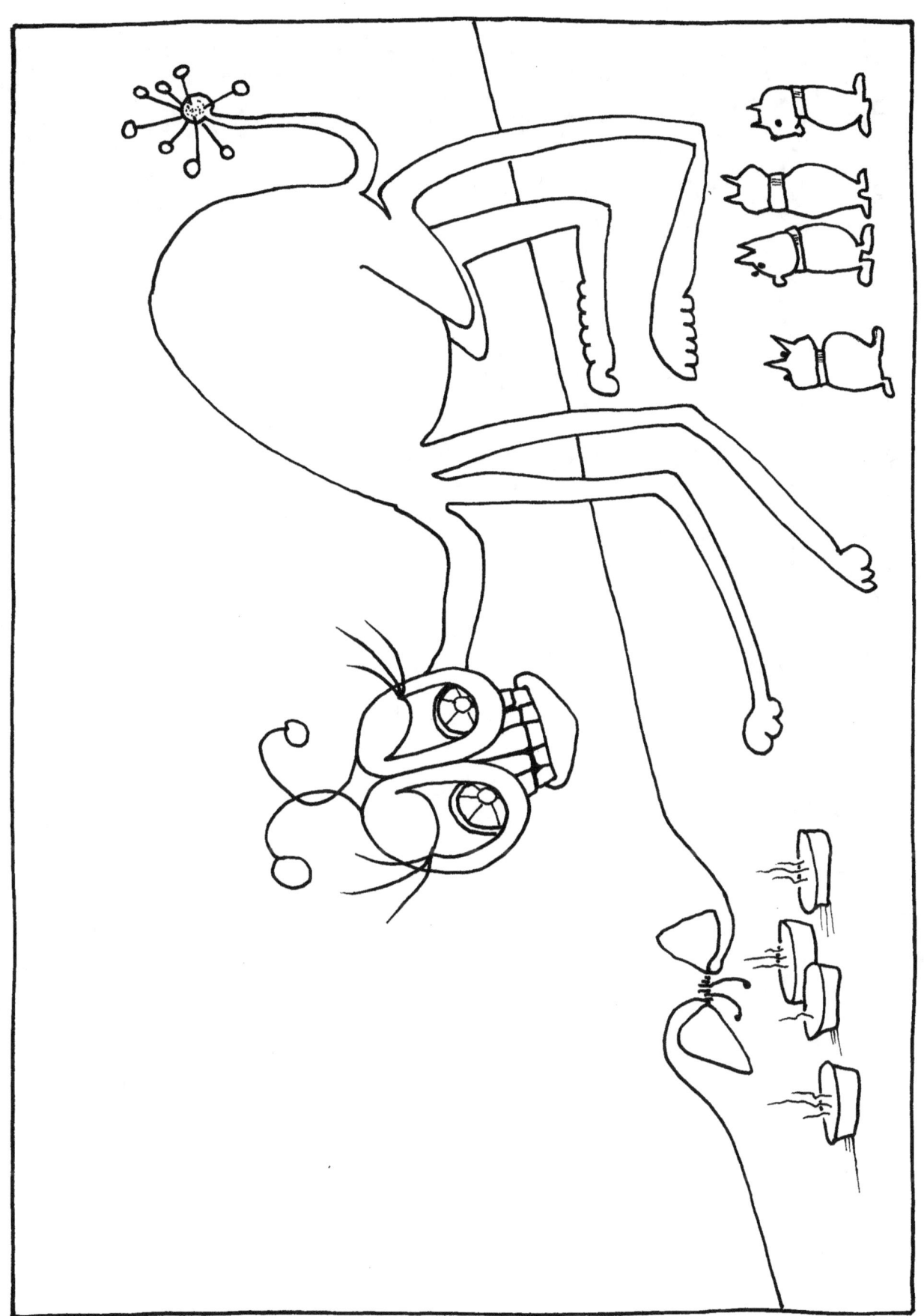

CREATURA #5 ©2018 Joan Worth

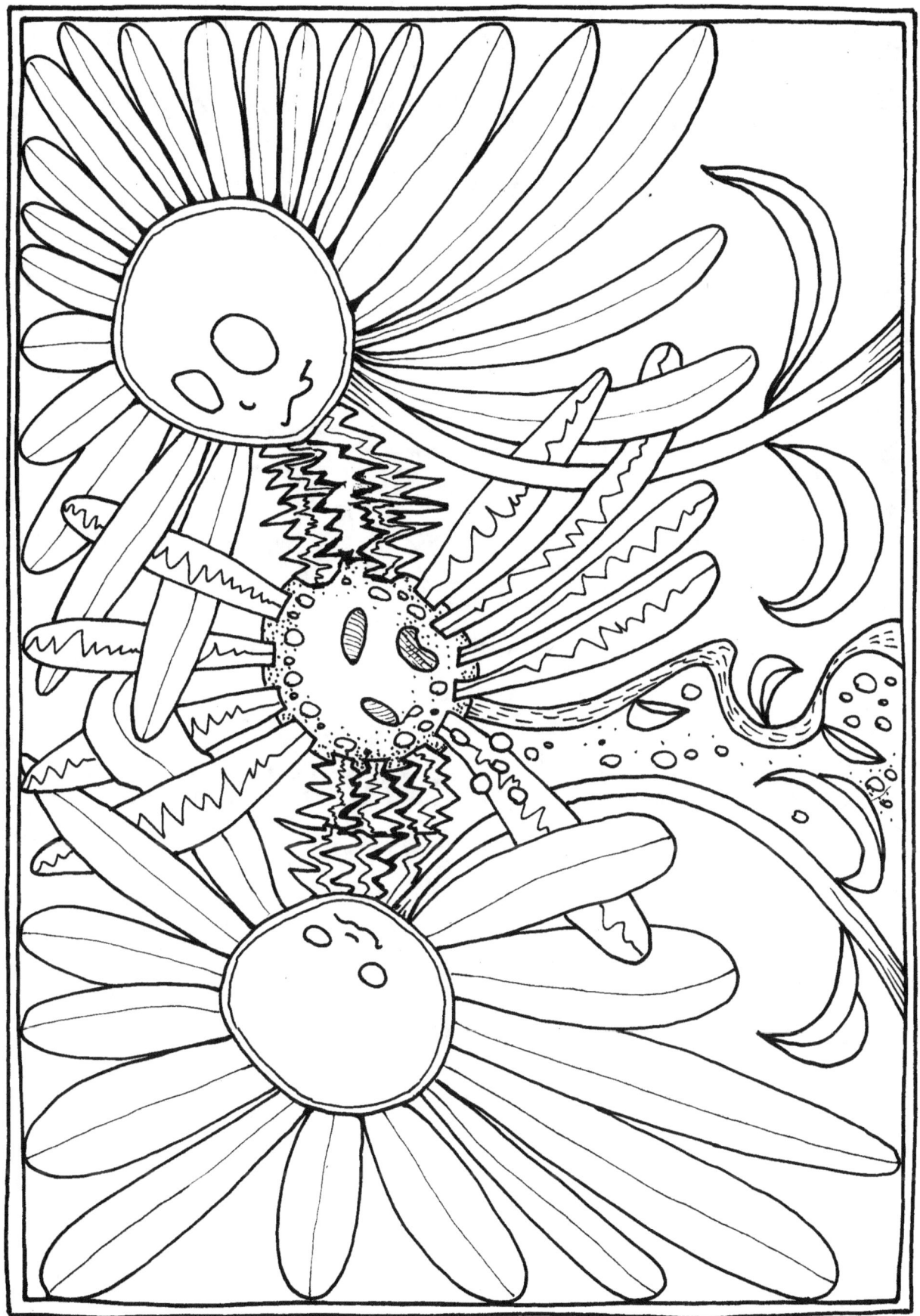

CREATURA #5 ©2018 Joan Worth

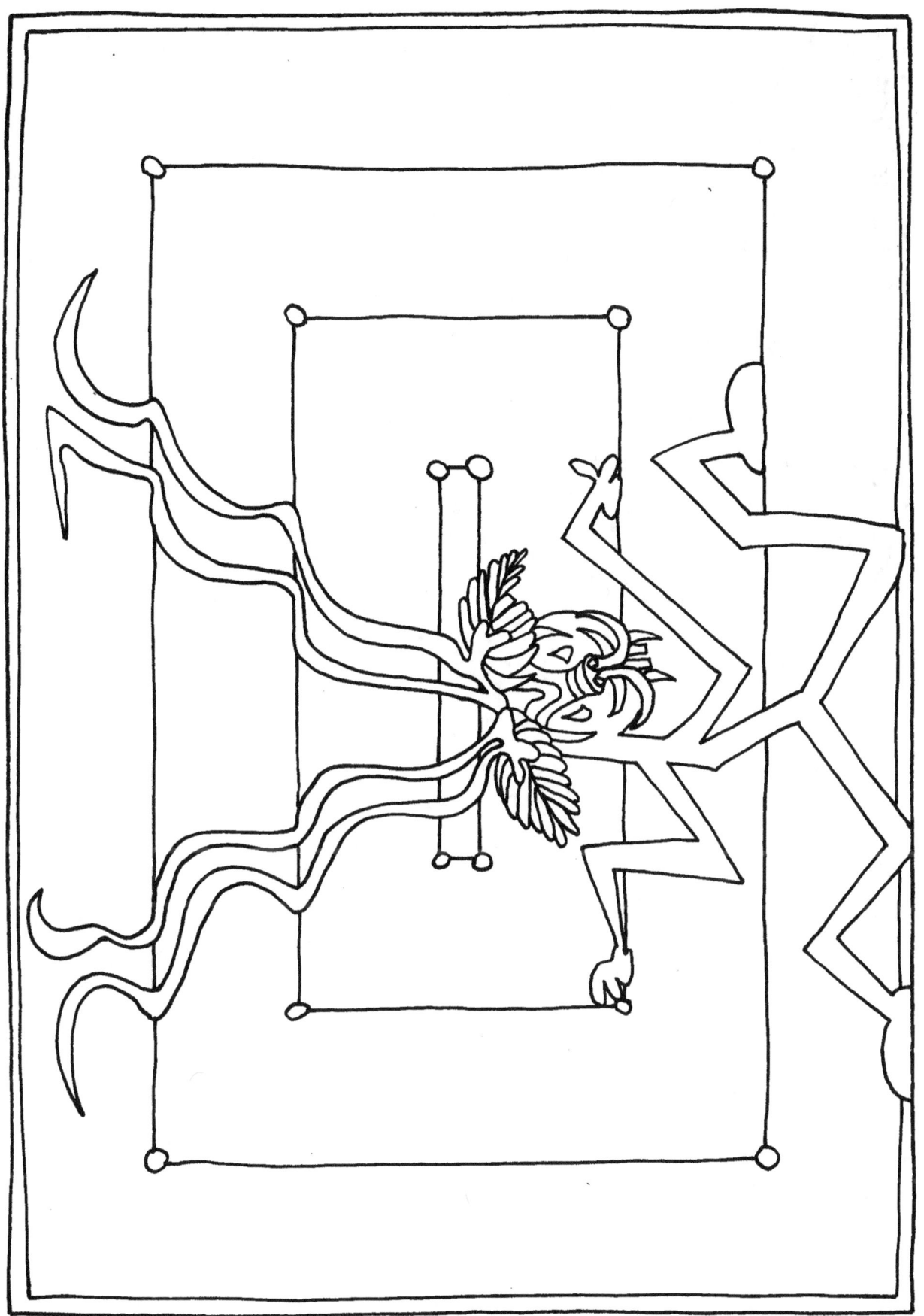

CREATURA #5 ©2018 Joan Worth

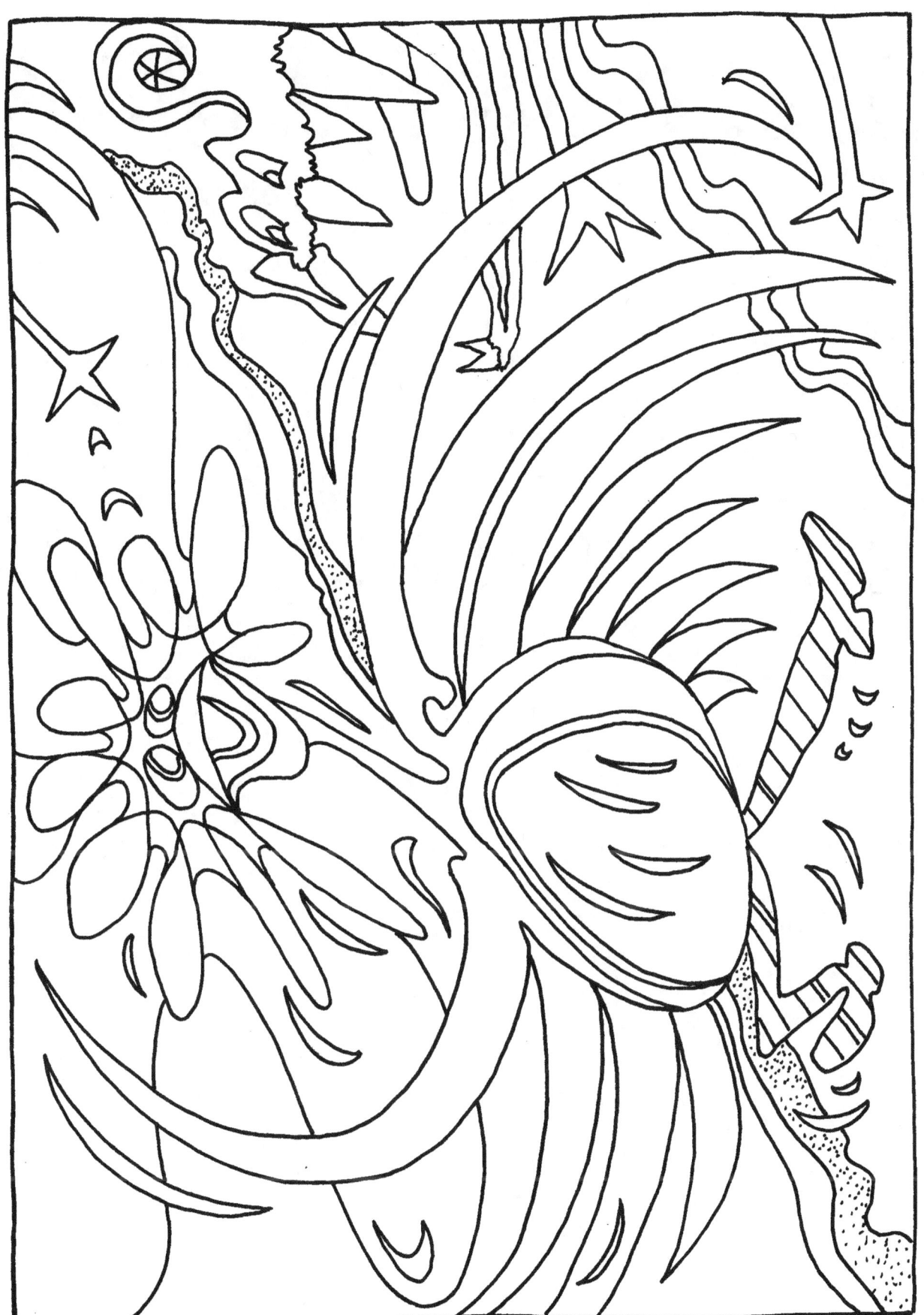

CREATURA #5 ©2018 Joan Worth

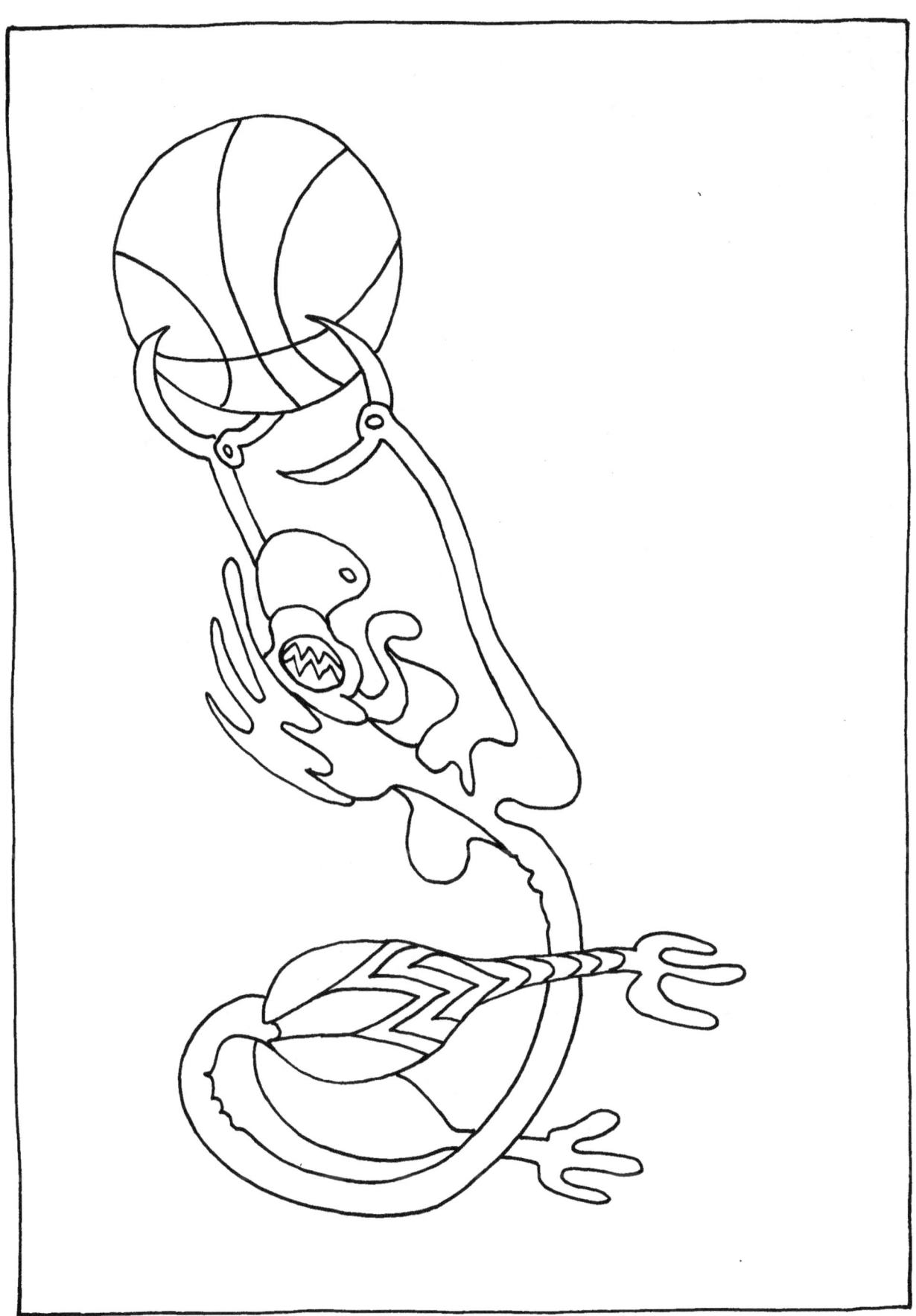

CREATURA #5 ©2018 Joan Worth

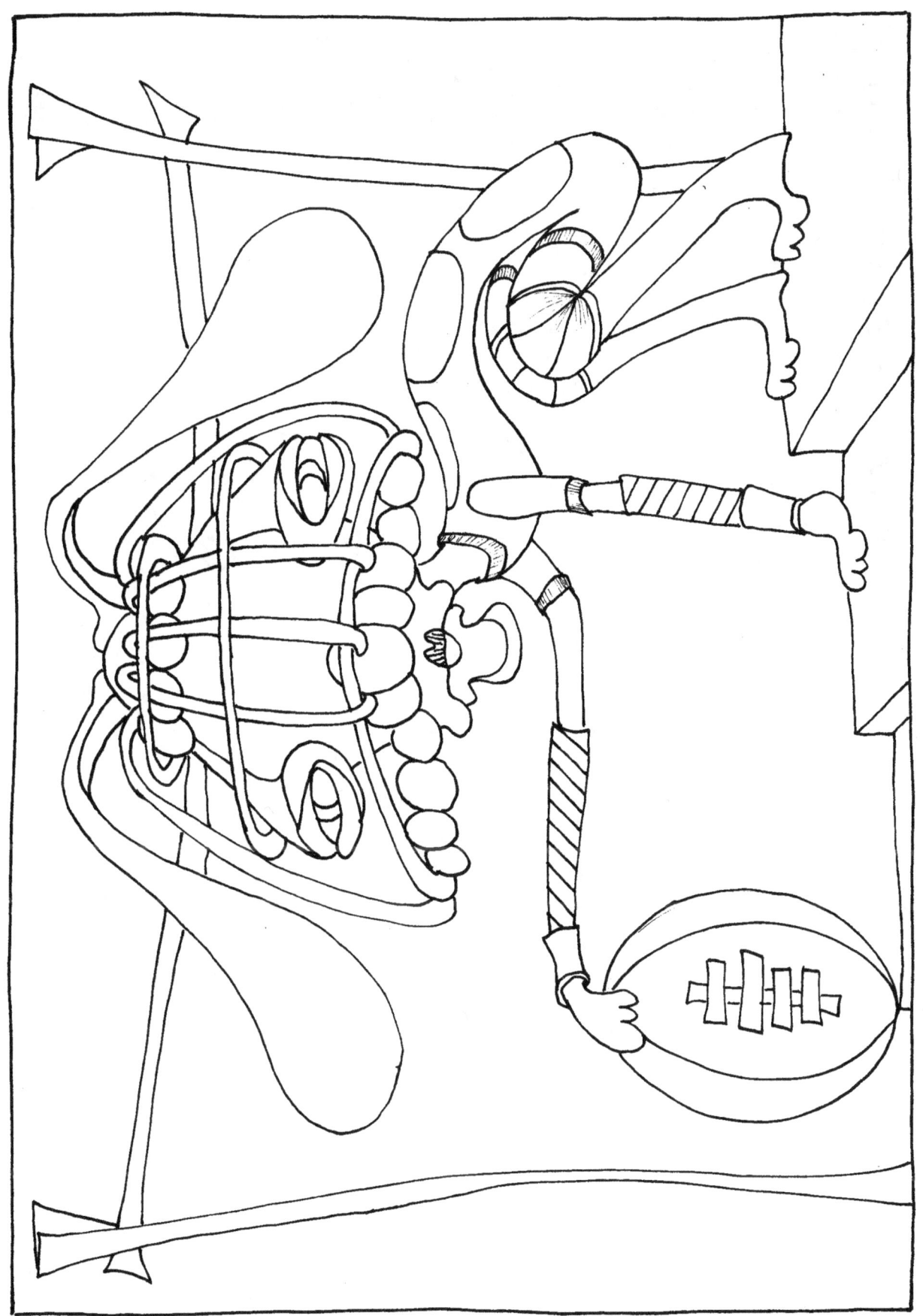

CREATURA #5 ©2018 Joan Worth

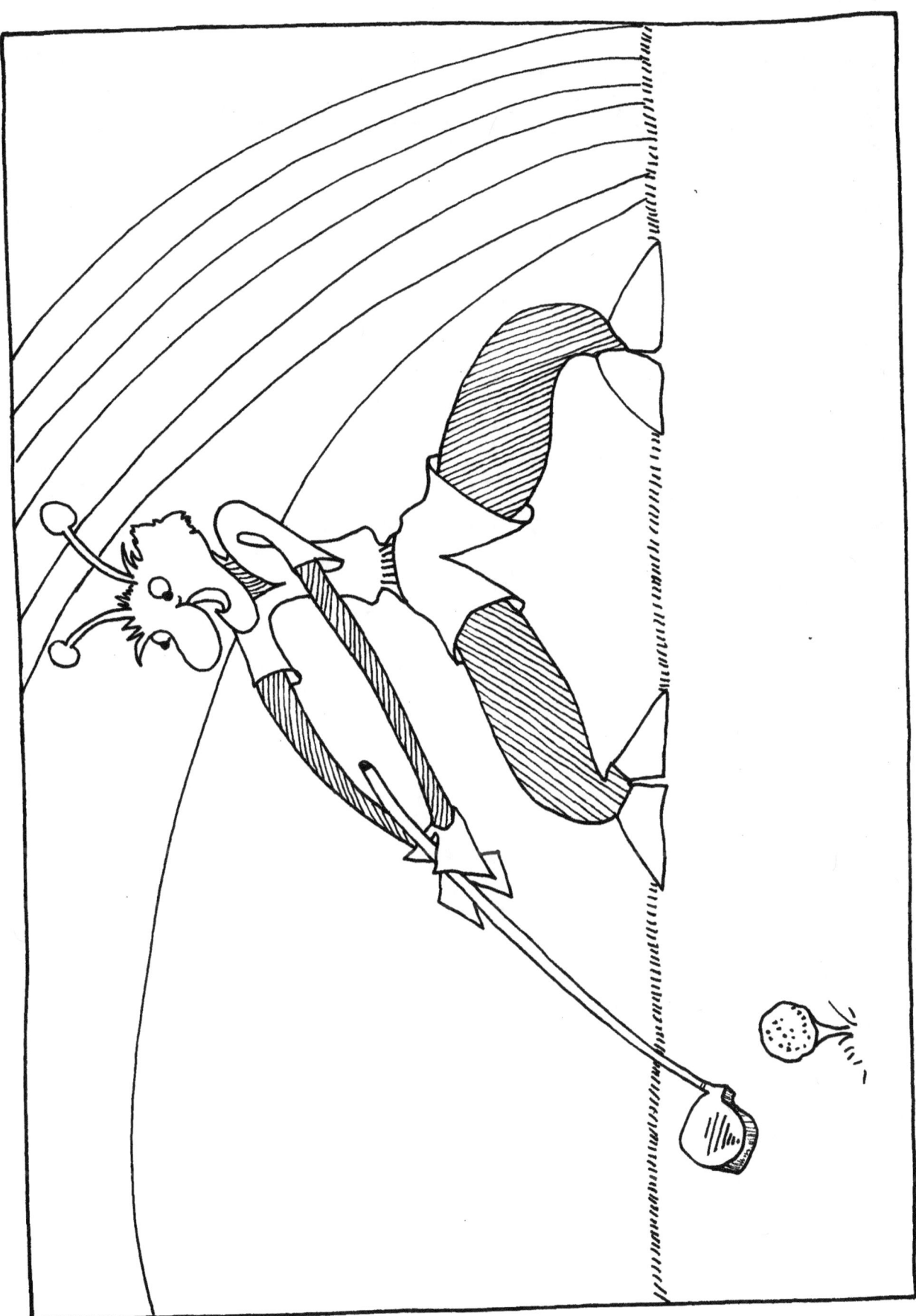

CREATURA #5 ©2018 Joan Worth

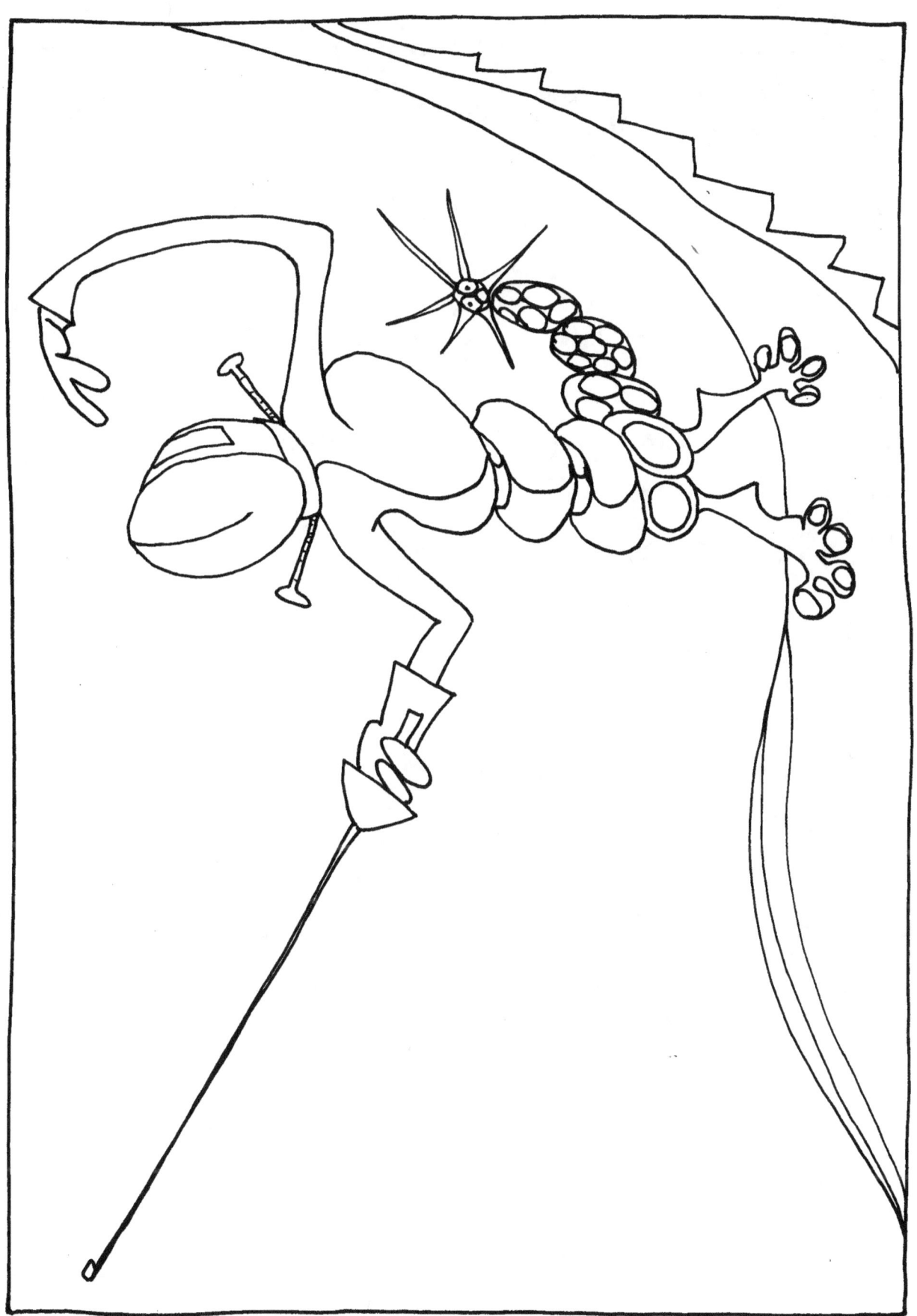

CREATURA #5 ©2018 Joan Worth

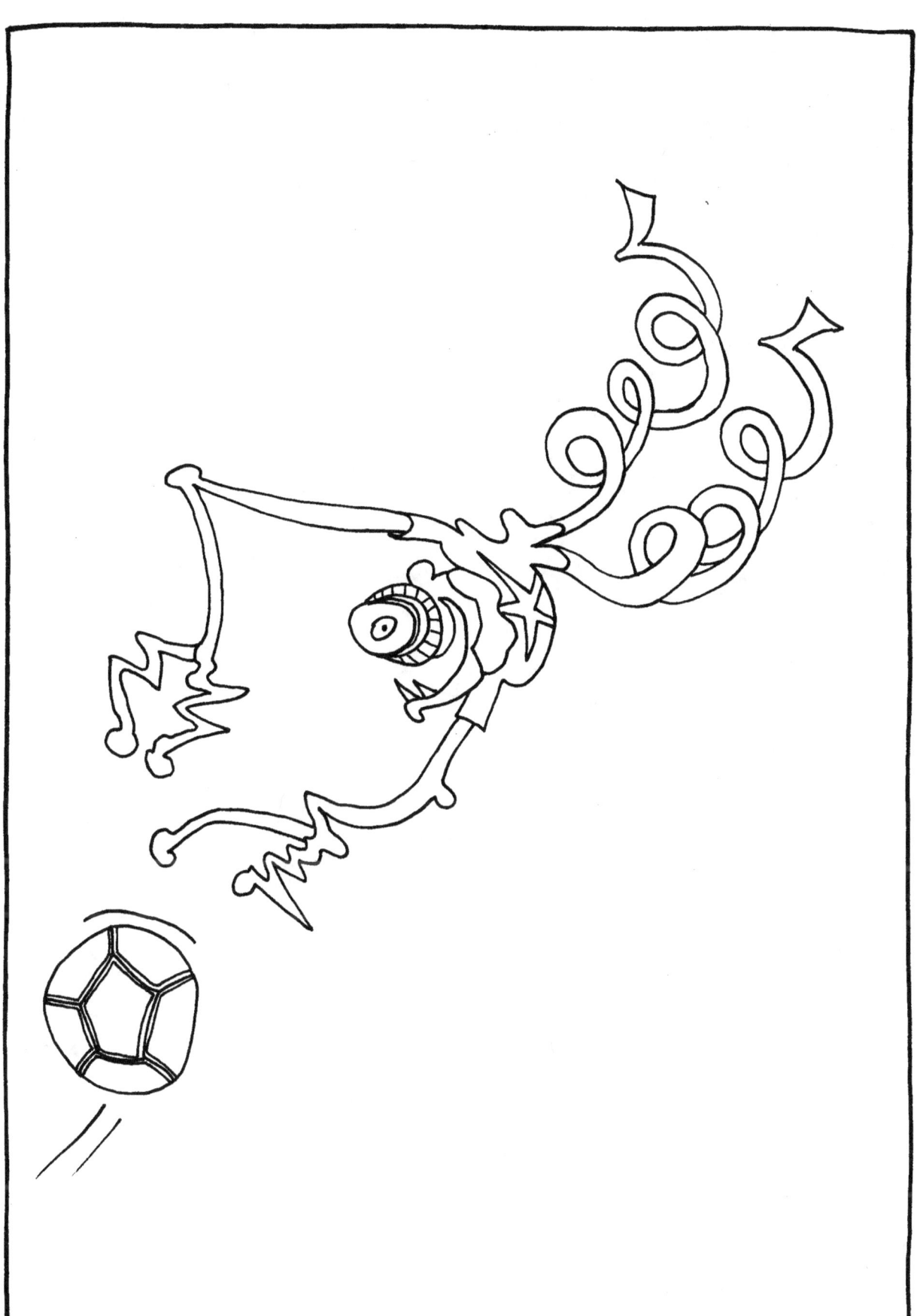

CREATURA #5 ©2018 Joan Worth

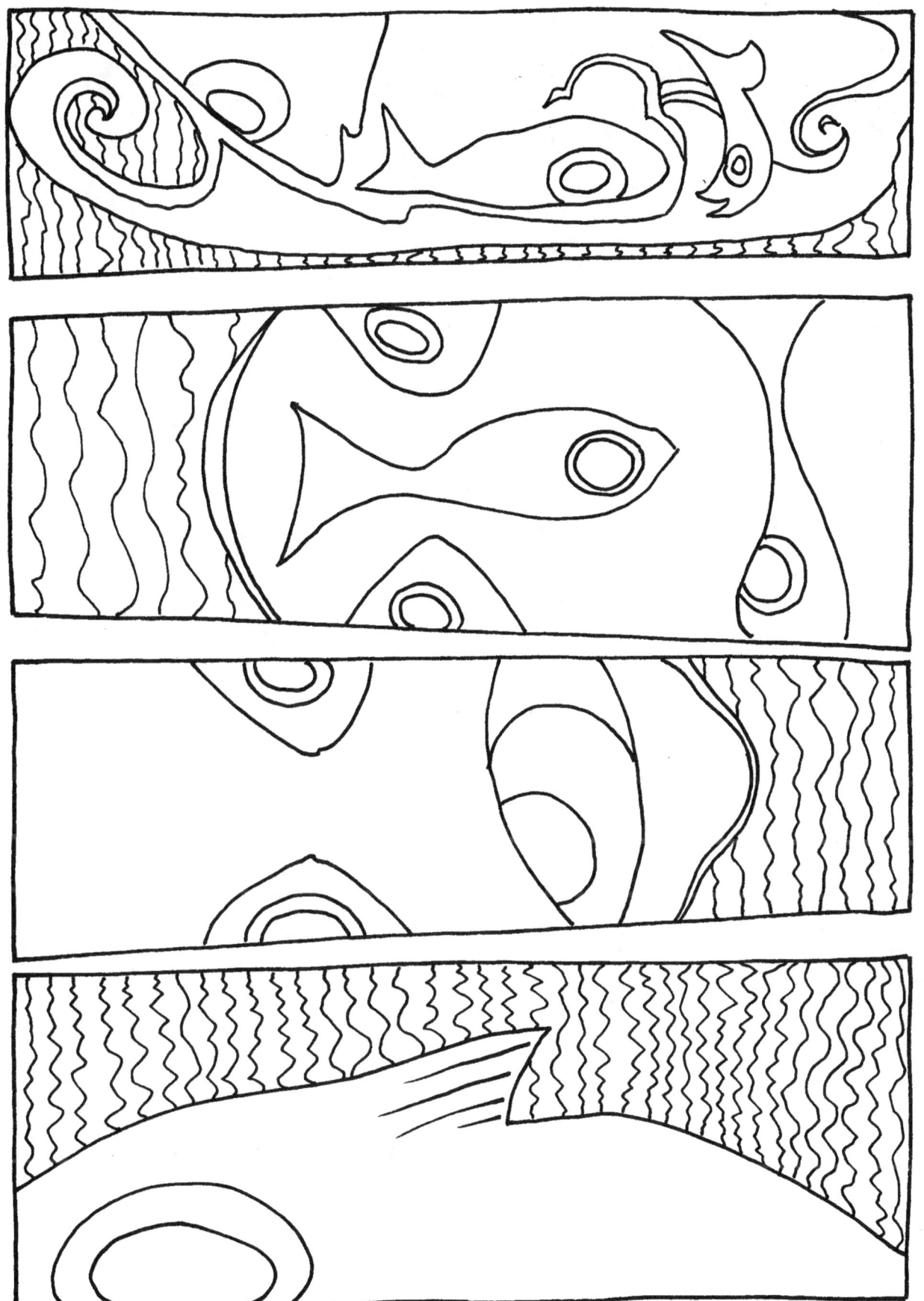

CREATURA #5 ©2018 Joan Worth

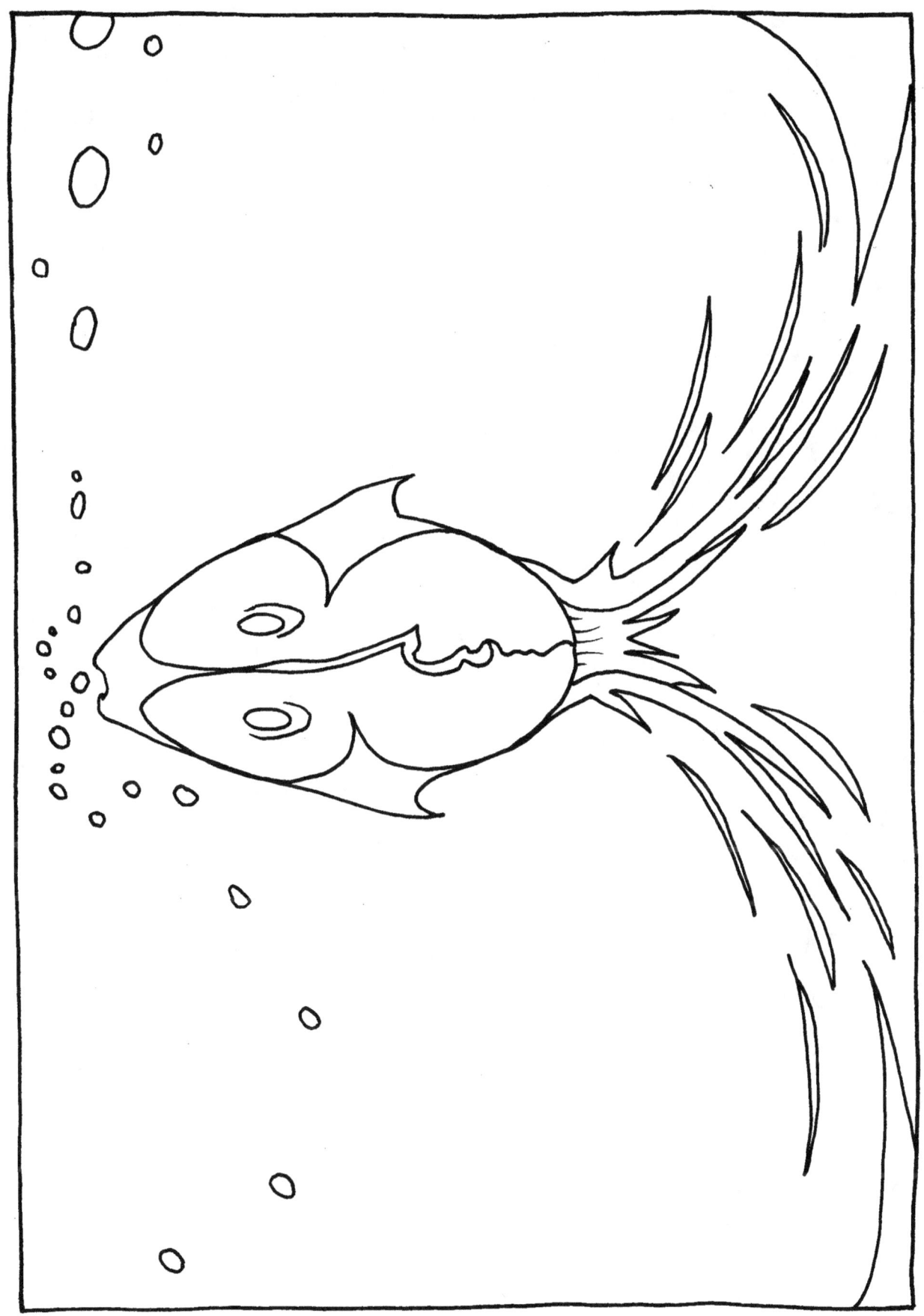

CREATURA #5 ©2018 Joan Worth

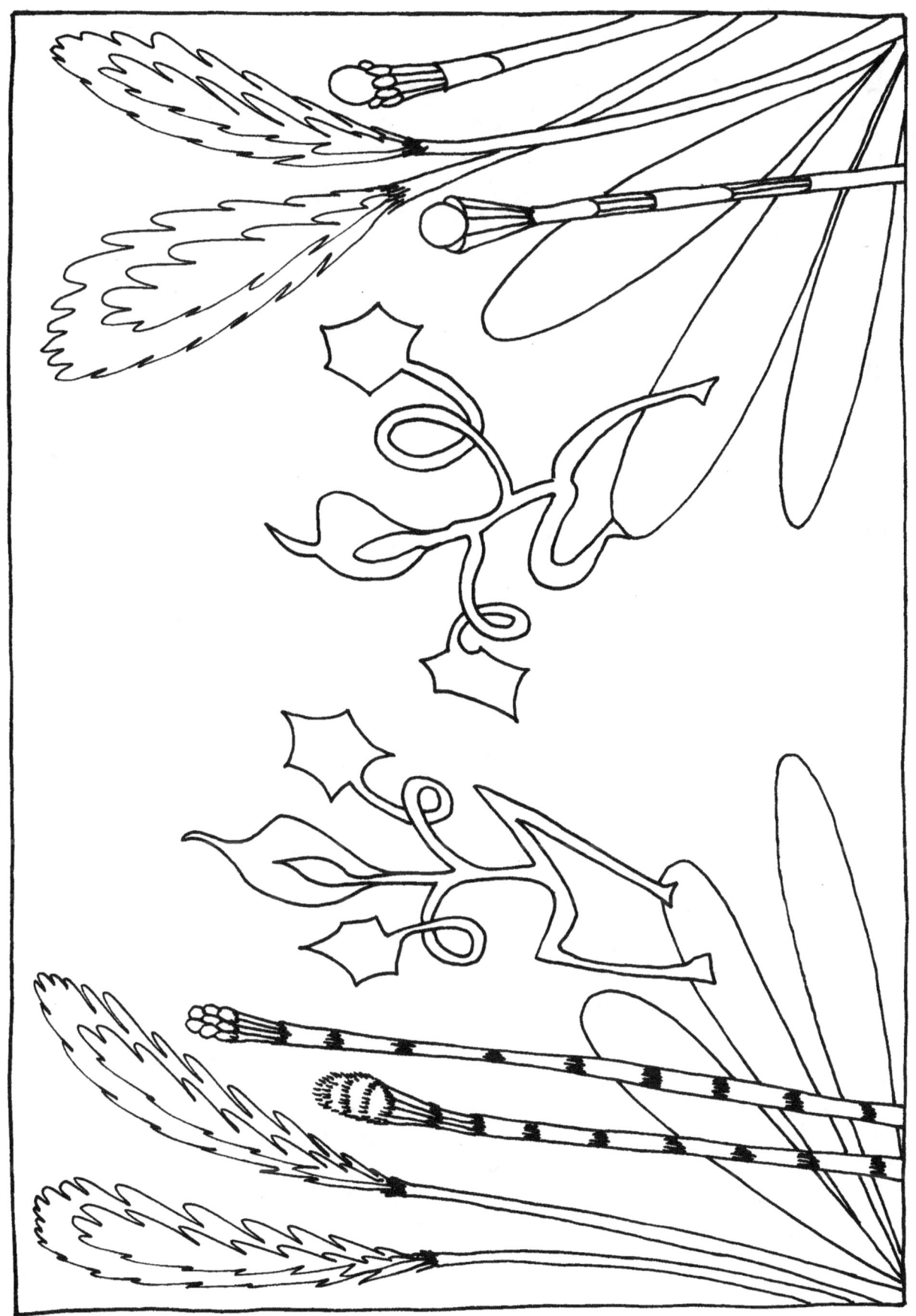

CREATURA #5 ©2018 Joan Worth

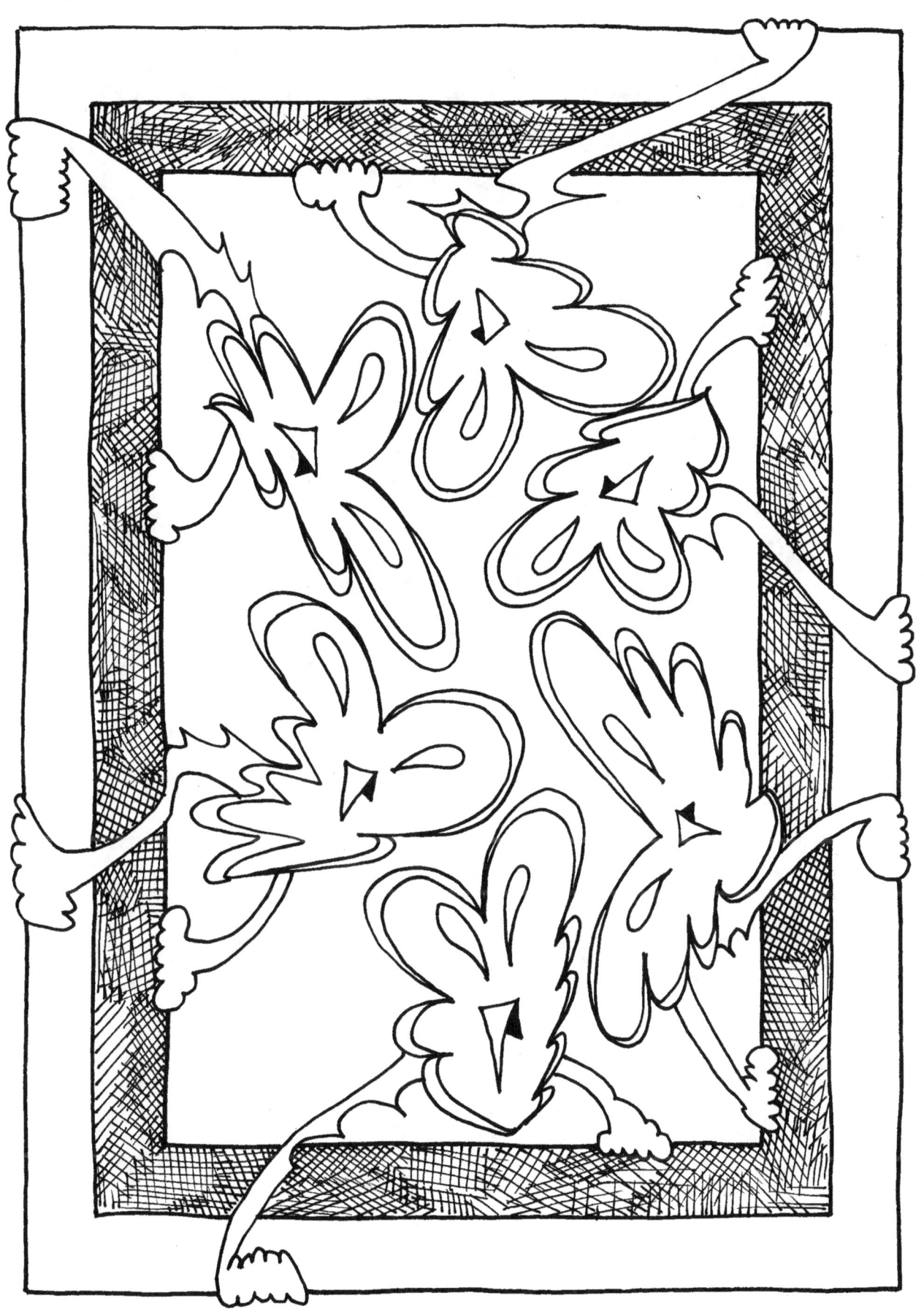

CREATURA #5 ©2018 Joan Worth

www.ingramcontent.com/pod-product-compliance
Lightning Source LLC
Chambersburg PA
CBHW062216220526
45471CB00009B/3229